W0236104

Carolin Hecht

Das Buch zum Film

EGMONT

1. Auflage
© 2016 Schneiderbuch
verlegt durch Egmont Verlagsgesellschaften mbH,
Gertrudenstraße 30–36, 50667 Köln
Alle Rechte vorbehalten
© 2016 Bantry Bay Productions GmbH / Deutsche Columbia
Filmproduktion GmbH im Verleih von Sony Pictures Releasing
Wendy ist eine eingetragene Marke der Wendy Animation Broadcasting Limited
under exclusive license from Wendy Animation Broadcasting Limited
Filmfotos: © 2016 Sony Pictures Releasing GmbH /
Bantry Bay Productions GmbH / Tom Trambow
Covermotiv: © 2016 CTMG. All Rights Reserved.
Umschlaggestaltung: Designomicon | Anke Koopmann, München
Layout und Satz: Greiner & Reichel, Köln
Printed in Germany (671575)
ISBN 978-3-505-13977-2

Die EGMONT Verlagsgesellschaften gehören als Teil der EGMONT-Gruppe zur
EGMONT Foundation – einer gemeinnützigen Stiftung, deren Ziel es ist, die sozialen,
kulturellen und gesundheitlichen Lebensumstände von Kindern und Jugendlichen zu
verbessern. Weitere ausführliche Informationen zur EGMONT Foundation unter:
www.egmont.com

Inhalt

Eine magische Begegnung

Manchmal, wenn es sehr still war, dann konnte sie es immer noch hören. Nicht laut. Der Ton war fein, sehr fein. Als würde Eis unter den Füßen knacken. Oder als bekäme ein Glas einen Sprung und würde danach nie wieder richtig klingen. Erst dann kam die Erinnerung an den Geschmack von Blut in ihrem Mund. An das angsterfüllte Gesicht ihrer Oma, die sich über sie beugte. An das schrille Wiehern des Pferdes. Die aufgeregten Rufe. Den stechenden Schmerz im rechten Bein. Und dann wurde es schwarz.

„Wendy-Schatz, freust du dich, Oma wiederzusehen?"

Wendy zuckte zusammen, als ihre Mutter sie ansprach, und wurde sich bewusst, wo sie war. Sie saß auf dem Rücksitz von Papas altem Kombi, und sie fuhren nach Rosenborg. Wendy versuchte, die Erinnerung abzuschütteln. Neben ihr saß ihr Bruder Tom, der seiner Lieblingsbeschäftigung nachging, alles mit dem Handy aufzunehmen.

Viel gab es nicht zu sehen: vier Leute im Auto, vorn ihre Eltern, Gunnar und Heike Thorsteeg, draußen jede Menge Schafe, Pferde, Bäume. Aber Tom hatte diesen gewissen Hang zur Theatralik: „Wahnsinn, Leute, das müsst ihr gesehen haben. DA! Ein Baum. Ein echter Baum! Da soll einer mal sagen, auf dem Land wäre es langweilig.‘‘

Wendy unterdrückte ein Grinsen. Tom schaffte es, seine schlaksige Gestalt ohne jede Spur von Körperhaltung auf dem Rücksitz zu positionieren. Dabei kam er sich extrem cool vor.

„Und da! Noch ein Baum. Sechs Wochen Bäume zählen. Und so was nennt man dann Sommerferien. Wahnsinn. Was hier noch alles passieren kann. Vielleicht fällt eine Kuh um!‘‘ An dieser Stelle gab es einen gekonnten Schwenk Richtung Fenster. „Oh ne, sie steht noch ... aber das kann ja noch kommen. Es wird nervenaufreibend werden, so viel kann ich euch versprechen!‘‘

Heike Thorsteeg lächelte Wendy immer noch erwartungsvoll an. „Wenigstens ein ganz klein bisschen?"

Wendy riss sich von ihrem Bruder los und blickte ihre Mutter an. Heike Thorsteeg bemühte sich, Fröhlichkeit und Zuversicht auszustrahlen, wie in all den Monaten zuvor. Dabei saß die Verzweiflung wie ein kleines zusammengekauertes Tier ganz hinten in ihren Augen. Wendy konnte es deutlich sehen. Ihre Mutter tat Wendy leid.

Ihr zuliebe log sie: „Doch ja, klar." So wie sie seit ziemlich genau einem Jahr log.

„Tut es weh?" – „Ne, geht schon, ist auszuhalten."

„Willst du nicht mal wieder Freunde einladen?" – „Ja, klar, wenn ich Zeit habe."

„Wie läuft es denn in der Schule?" – „Super, wie immer!"

Dabei war seit einem Jahr nichts mehr wie immer. Aber auch gar nichts.

Verlegen kratzte sich Wendy an der Beinschiene, die sie immer noch trug, seit dem Sturz am Gatter. Lügen war nicht ihr Ding, obwohl sie inzwischen reichlich Übung darin hatte. Aber eine andere Strategie hatte sie nicht. Vielleicht würde man sie ja auf Rosenborg endlich in Ruhe lassen. Jetzt, wo sie zugestimmt hatte, mitzukommen.

Eines konnten sie sich allerdings direkt abschminken: sie zum Reiten zu überreden. Denn das war so sicher wie das Amen in der Kirche: Sie würde sich nie, niemals wieder auf ein Pferd setzen!

Wendy kurbelte das Fenster hinunter, schob ihr Gesicht in den warmen Fahrtwind, blinzelte in die Sonne und ließ ihren Blick über die Landschaft gleiten. Es roch nach Sommer.

Der Sommerwind strich durch die Bäume. Wiegte die Ähren auf den Feldern und trug den Duft der blühenden Wiesen weit fort über das Land. Bis hin zu einem Schrottplatz, der so gar nicht in die idyllische Landschaft passen wollte. Dort umstrich er zwei halb verfallene Lagerhallen aus roten Backsteinen. Pfiff durch kaputte Fenster, verrostete Autowracks, stapelweise Autoreifen, einen vergammelten Bretterverschlag und über eine Koppel, umsäumt von rostigem Stacheldraht.

Hinter dem Stacheldraht stand ein Pferd. Ein braunweißer Wallach mit langer gesträhnter zweifarbiger Mähne und himmelblauen Augen.

Jetzt hob er zögerlich den Kopf. Streckte die Nüstern in den Wind. Der Wind konnte so viel erzählen. Von

Wiesen, saftigem Gras, von Wasser. Und von Freiheit. Hier gab es nichts von all dem. Ganz allein stand der Wallach im Morast. Kratzte verzweifelt mit den Vorderhufen im Schlamm. Das Fell verklebt, hungrig, durstig, mit blutverkrusteten Narben an Flanken und Fesseln. Da draußen war noch etwas anderes. Er konnte es riechen.

Wendy kurbelte das Fenster wieder hoch, schloss die Augen und hörte ihrer Familie zu.

Tom nölte. Er wusste nie, wann es keinen Sinn hatte, sich zu beschweren. „Wieso sechs Wochen? Ich meine, Opas Beerdigung ist ja okay. Und noch 'ne Woche emotionaler Zuspruch und so. Aber sechs Wochen am Stück!"

„Oma braucht uns jetzt", erwiderte Gunnar Thorsteeg knapp.

Viele Worte machte er grundsätzlich nicht. Nicht als Reitlehrer und auch nicht privat. Laut werden musste er auch nie. Es genügte ein fester Blick und dieses unmerkliche Lächeln in den Augen, das jedem wohlwollend signalisierte: Versuch's ruhig, aber damit kommst du nicht durch.

Tom war für diesen dezenten Hinweis anscheinend immun. Er gab noch nicht auf: „Mich nicht. Mich braucht man so sehr wie die Pest. Sagst du selbst oft genug."

Wendy wusste, auch ohne ihre Augen zu öffnen, dass ihre Mutter jetzt still lächelte und ihrem Vater einen dieser Blicke zuwarf, die Wendy sehr mochte. Weil er sagte: Auch wenn unser Sohn manchmal nicht alle Nadeln an der Tanne hat ... ich liebe ihn trotzdem. Dabei tippte sie eine ihrer To-do-Listen in ihr iPad. Wendy erkannte die charakteristischen Pieptöne und musste unwillkürlich lächeln. Ohne ihre Listen ging fast nichts bei Heike Thorsteeg.

Die Stimme von Wendys Vater klang belustigt: „Tja, mitgehangen, mitgefangen. So was nennt man übrigens Familie."

Tom stöhnte und schaffte es, noch tiefer in den ausgeleierten Rücksitzen zu versinken. „Aber ... wo ich doch immer allen auf die Nerven gehe, da finde ich's geradezu unverantwortlich, mich Oma zuzumuten in dieser speziellen Situation. Ihr hättet mich zu Hause lassen sollen. Schon aus Rücksichtnahme auf ihre angeschlagenen Nerven."

„Tom?" Der Ton ihres Vaters wurde fester. Wendy

konnte spüren, wie ihr Bruder sich neben ihr unwillkürlich aufrichtete. „Klappe halten!" Wie zur Bekräftigung dieser väterlichen Ansage ertönte ein satter Knall.

Wendy riss vor Schreck die Augen auf. Ihrer Mutter entfuhr ein kleiner erschrockener Schrei. Vorn aus der Kühlerhaube quoll eine dicke Rauchwolke.

Tom zückte erneut sein Handy: „Leute, hier wird geschossen! Geil!"

Da standen sie nun, mit geöffneter Motorhaube und sanft qualmendem Motor. Irgendwo im Nirgendwo. Mitten auf der Landstraße. Weit und breit kein Haus. Andere Autos kamen auch nicht vorbei. Geschossen hatte allerdings niemand. Der Vergaser war hin, wie Tom mit einem fachmännischen Blick feststellte.

Gunnar Thorsteeg überprüfte etwas ratlos ein paar Kabel. Im Gegensatz zu seinem Sohn war Technik nicht so seins. Dafür war er ein begnadeter Reiter. Er war stolz darauf, sein Talent wenigstens an eines seiner Kinder vererbt zu haben. Zumindest war er das mal gewesen. Früher. Vor dem Sturz.

„Eine kleine Autopanne ist doch kein Problem!" Wendys Mutter strahlte sofort Optimismus aus. Sie musste einen eingebauten Schalter haben, der sich in

Krisensituation automatisch umlegte. „Dann rufen wir halt einen Abschleppdienst. Ist ja nicht mehr weit bis Rosenborg. Und nachher gibt's Kaffee und Kuchen bei Oma", verkündete sie vergnügt.

Tom hielt sein Handy in den Wind, stakste um den Wagen herum und grinste breit. „Da müsst ihr aber laut rufen. Netz gibt's hier nämlich keins."

Wie Wendy es erwartet hatte, tat auch das fehlende Netz dem Optimismus ihrer Mutter keinen Abbruch. Kurzerhand wurden alle zum Schieben abkommandiert. Alle, bis auf Wendy.

„Schatz, du darfst dich hinters Steuer setzen und lenken!", sagte Heike Thorsteeg.

„Was?!" Wendy fuhr herum. Autofahren? Das ging nicht! Das sollte ihre Mutter eigentlich wissen. Wie sollte sie denn bitte schön bremsen mit dem Bein?

Aber ihre Mutter überspielte Wendys Einwände lächelnd. Alles kein Problem. Ehe sie sichs versah, saß Wendy hinterm Steuer. Tom guckte neidisch, er hätte nur zu gern getauscht. Aber ein Blick seines Vaters sagte: Versuch's erst gar nicht. Tom trollte sich schicksalsergeben nach hinten, stemmte sich gegen den Kofferraum und stöhnte laut. Die Welt war so ungerecht!

Wendys Hände krallten sich ins Lenkrad. Sie hasste die psychologisch wertvollen Aktionen ihrer Mutter und hörte sie grade noch leise zu ihrem Vater sagen: „Das ist gut für ihr Selbstbewusstsein."

Einen Scheiß war es! Wendy war sauer. Noch schlimmer, sie hatte Angst!

Ihre Eltern stemmten sich gegen den Kofferraum. Ihr Vater gab das Kommando wie in der Reitbahn: „Abteilung vorwärts marsch!" Und los ging's.

Mit vereinten Kräften schob Familie Thorsteeg den alten Kombi über die leere Landstraße. Nach zwanzig Minuten lag Tom erschöpft halb auf dem Kofferraum. Hinterm Lenkrad schwitzte Wendy Blut und Wasser. Die schoben viel zu schnell da hinten. Erstens konnte sie kaum etwas sehen, denn sie saß viel zu tief im Sitz. Und zweitens wurde die Straße jetzt auch noch abschüssig. Schräg vor ihnen kamen ein paar halb verfallene Gebäude aus rotem Backstein in Sicht. Wendy reckte sich. Auf einem der Gebäude erkannte sie die Aufschrift: Schrotthandel und Autoreparatur.

Ihr Vater gab von hinten wieder ein Reiterkommando: „Abteilung links schwenkt, marsch!"

Scherzkeks.

Wendy schaffte es, den Wagen vorsichtig nach links über die Gegenfahrbahn zu steuern. Auf die Gebäude zu.

„Abteilung Haaalt!"

Wendy schluckte. Ihr Bein zuckte und bewegte sich nicht.

„Bremsen, bremsen, tritt auf die Bremse!", erscholl es von hinten. Die drei Schieber mussten rennen, um Kontakt zum Wagen zu halten. Der wurde immer schneller. Wendy schloss die Augen.

„BREM-SEN!"

Die Hand ihres Vaters knallte laut auf das Blech der Kofferraumklappe. Wendy riss erschrocken die Augen auf. Die rote Ziegelmauer kam immer näher. Noch drei, noch zwei, noch einen Meter ... In letzter Sekunde riss Wendy die Handbremse nach oben. Augenblicklich stand der Wagen still. Die Reifen blockierten, Kies knirschte. Ihre Eltern und ihr Bruder prallten hart auf den Kofferraum und purzelten durcheinander. Und irgendetwas im Wageninneren machte leise PLOING.

Raus! Weg! Luft! Wendy schoss aus dem Wagen wie ein Scherzteufel aus der Kiste. Humpelnd und nach Luft ringend brachte sie erst mal einen Sicherheitsabstand zwischen sich und das Gefährt.

Genug Sonderpädagogik für heute!

Ihre Mutter stand schon wieder auf den Beinen, klopfte sich den Kies von der Hose. „Gut gemacht, Schatz. Ganz toll. Und nicht so weit weglaufen!"

Ja vor allem „laufen", Mama, ganz genau. Wendy lächelte gequält. Sie wollte einfach nur allein sein. Wenigstens fünf Minuten.

Vor ihr lagen zwei halb verfallene Hallen. Dahinter türmten sich verrostete Autos, Autoreifen und jede Menge anderer Schrott. Kein besonders einladender Ort. Dennoch ging Wendy neugierig ein paar Schritte. Alles war mit Unkraut und Schlingpflanzen überwuchert. Als wollte sich die Natur den ihr angestammten Platz wieder zurückerobern. Vorsichtig schlich Wendy weiter. Hier war es merklich kühler als an der Straße. Es roch feucht und modrig. Wendy schauderte. Sie wollte schon wieder umdrehen. Da hörte sie es.

Ein leises Wiehern.

Konnte das sein? Ein Pferd ... hier? Zögerlich schlängelte sie sich durch die Reifentürme. Und dann sah sie den Schecken auf seiner schlammigen Koppel. Unverwandt schaute das Pferd in Wendys Richtung. Als hätte es auf sie gewartet.

Nur auf sie.

Ganz langsam ging Wendy näher. Als sie sah, in welchen Zustand das Tier war, stiegen Mitgefühl und Empörung wie eine Welle in ihr auf. „Was haben sie denn mit dir gemacht?" Instinktiv streckte sie ihre Hand aus.

Fass es nicht an!

Blitzschnell zog Wendy ihre Hand wieder zurück. Der Wallach schnaubte verwundert.

Du tust dir weh.

Wendy stand da wie angenagelt. Zehn Schritte vom Zaun entfernt. Das Pferd kam näher. Reckte den Hals. Wendy blieb stocksteif stehen. Und spürte, wie die Angst wieder in ihr hochkroch. Ganz langsam, ganz kalt. Automatisch zog sie die Schultern hoch. Fühlte, wie ihre Lungen einschrumpften und ihr Atmen ganz klein und flach wurde.

Verdammt! Aber sie wollte doch helfen. Das Pferd brauchte Hilfe. Wendy sah die Wunde über seinem Auge und, noch schlimmer, die an der Flanke. Da war etwas Gelbliches. Hatte es sich bewegt? Maden? Wendy wusste, was passierte, wenn Wunden sich entzündeten. Dann nisteten sich Parasiten ein. Sie konnte gar nicht hinsehen. Tränen stiegen ihr in die Augen. Wer tat einem Tier so etwas an?

Zögerlich ging sie noch einen Schritt und schaute in diese unglaublich schimmernden blauen Pferdeaugen unter den langen weißen Wimpern. Blau? Wirklich?

Vertrau ihm nicht!

Wieder blieb Wendy wie angenagelt stehen. Unfähig, sich dem Pferd auch nur einen Zentimeter zu nähern.

In diesem Moment ertönte lautes Motorengeräusch. Ein Transporter rumpelte in den Hof. Hielt an. Ein Mann und ein Junge, etwas älter als Wendy, stiegen aus und ließen die Laderampe herunter.

Wendys Augen wurden immer größer, je mehr sie von der Schrift entziffern konnte, die auf dem Transporter stand. „Metzgermeister Röttgers – bei uns geht's um die Wurst!" Schnell verkroch Wendy sich hinter einem Stapel Autoreifen und beobachtete mit angehaltenem Atem, was passieren würde.

Auch der Schecke hatte den Wagen gehört. Er tänzelte nervös. Er spürte die Gefahr.

Wendy biss sich in ihrem Versteck auf die Lippen. Was konnte sie tun?

Der Metzger und der Junge kamen näher. Wendy

kannte Mücke vom letzten und vorletzten Sommer, vom See. Er war ziemlich groß für seine vierzehn Jahre, etwas langsam von Begriff, aber eigentlich kein schlechter Kerl.

Der Metzger nahm einen Strick, betrat mit Mücke, seinem Enkel, die schlammige Koppel und schloss das Tor hinter sich. Dann näherte er sich dem Schecken mit den Worten: „Salami auf Beinen. Na, dann wollen wir mal."

Wendy merkte, wie ihre Hand instinktiv einen Knüppel umschloss, der neben ihr im Gras lag. Aber war das sinnvoll?

Mücke kniff dem Wallach fachmännisch in die Seite. „Hallo, Gulasch!"

Wendy überlegte fieberhaft. Was in aller Welt konnte sie tun?

Und dann ging alles sehr schnell.

Der Metzger holte aus, warf den Strick über den Hals des Schecken. Kaum dass der Strick seinen Hals berührte, stieg der Wallach und wirbelte herum. Da war noch genug Leben in ihm, um ordentlich auszukeilen. Und zu treffen. Der Metzger heulte vor Schmerz auf und hielt sich fluchend das Knie. Mücke tat sein Bestes, das Pferd einzufangen. Aber der Schecke war nicht mehr zu bändigen. Er biss und trat und begann dann, sich wie ein Brummkreisel um die eigene Achse zu drehen. Immer schneller. Immer schneller.

Der Metzger fluchte: „Sauviech, verdammtes! Ich schneid dich in ganz kleine Scheiben!"

Mücke suchte nach Deckung.

Und Wendy nutzte ihre Chance.

Vorsichtig kroch sie hinter den Reifen hervor zum Gatter. Der Riegel klemmte. Wendy biss die Zähne zusammen. Bearbeitete ihn mit der Faust. Endlich gab er nach. Ein Schubs, und das Tor schwang quietschend auf. Gerade noch rechtzeitig konnte Wendy sich hinter den Reifen in Sicherheit bringen, da preschte der Schecke auch schon durch das offene Tor. Ganz nah an Wendy vorbei. So nah, dass sie glaubte, den wilden, hämmernden Herzschlag des Tieres hören zu können.

Der Metzger, der noch versucht hatte, es aufzuhalten, landete bäuchlings im Matsch. Das Pferd galoppierte über einen nahen Hügelkamm, mit wehender Mähne und hoch erhobenem Schweif. Kraftvoll, wild und frei.

Wendy wusste, wie sich das anfühlte. Sie konnte fast spüren, wie die Hufe den harten trockenen Boden stampften. Wie gierig das Tier die Sommerluft einsog.

Schnaubend, rennend, immer weiter rennend. Bis es in der Weite der Landschaft verschwunden war.

Triumphierend ballte Wendy die Siegerfaust. Ja! Richtig gemacht. Sollte der blöde Metzger doch auf vegetarische Salami umsteigen. Wendy wartete noch, bis Mücke seinem humpelnden und fluchenden Opa in den Wagen geholfen hatte und der Metzgerwagen vom Hof fuhr. Dann trollte sie sich zurück zum Auto.

„Wo warst du denn so lange?" Ihre Mutter sah besorgt aus.

Wendy stand noch ganz unter dem Eindruck des soeben Erlebten und bemühte sich, möglichst normal und unbeteiligt zu wirken. „Sorry, aber auf dem Damenklo war so eine lange Schlange. Ist das Auto schon repariert?"

Toms technische Ausführungen rauschten an Wendy vorbei. Sie begriff nur so viel: Die Reparatur würde länger dauern, und sie mussten mit dem Trecker weiter. Im Gegensatz zu ihrem Bruder war Wendy das vollkommen egal. Ihre Augen wanderten noch einmal über den Hügelkamm. Aber das fremde Pferd war nirgends zu sehen.

Rückkehr nach Rosenborg

Den Rest der Fahrt brachte Wendy schweigend hinter sich, während sie neben ihrer Mutter und Tom auf dem Hänger von Bauer Gesekes Traktor saß. Ihr Vater saß sehr entspannt vorn neben dem urigen Bauern und versuchte trotz des laut dröhnenden Motors, eine Unterhaltung zu führen. Ihre Mutter sah weniger entspannt aus. Sie thronte mitten auf dem Gepäck und hoffte inständig, dass nicht ausgerechnet jetzt die Polizei vorbeikäme. Tom hoffte inständig, dass überhaupt niemand vorbeikäme. Er wäre vor Scham am liebsten im Boden versunken. Traktorfahren mit Tempo zwanzig, wie uncool.

Aber wie es so ist im Leben: Ausgerechnet jetzt ertönte fröhliches Fahrradklingeln.

„Guck mal, da ist ja die Vanessa! Ach, wie schön!"

Heike Thorsteeg winkte einer Gruppe Jugendlicher zu, die den Traktor mit ihren Fahrrädern überholten.

Augenblicklich, innerhalb einer Zehntelsekunde, lag Tom flach auf dem Boden des Hängers und betete, dass sie ihn noch nicht gesehen hatte.

Nicht Vanessa! Nicht so!

Wendy musste grinsen. Tom stand auf Vanessa. Wie eigentlich alle Jungs hier im Ort. Und Vanessa wusste das. Nicht, dass es sie sonderlich interessiert hätte. Die Nummer eins, die Schönste und die Beste zu sein, war Vanessas natürlicher Daseinszustand. Außer beim Reiten. Da war Wendy besser. Oder besser gesagt: besser gewesen.

Auch jetzt beim Radfahren war Vanessa natürlich vorn. Sie überholte den Traktor als Erste, schnitt dann ihre Verfolgerin Lara so konsequent, dass diese kopfüber im Graben landete, und bog als Erste in den Feldweg zum See ein. Nach ihr kämpfte sich die kleine Merle am Traktor vorbei, und als Letzte kam wie immer die schüchterne Bianca.

Vanessa hielt an, warf selbstbewusst ihre langen Haare nach hinten über die Schulter ... und sah Wendy. Für einen kurzen Moment verlor sie ihre Überlegenheit. Ihr triumphierendes Siegerlächeln fror schlagartig ein. Damit hatte sie nicht gerechnet. Nicht diesen Sommer.

Wendy schaute schnell weg und tat so, als hätte sie nichts gesehen. Auch das Turnierreiten und ihre Konkurrenz zu Vanessa gehörten der Vergangenheit an. Ein für alle Mal.

Keine zehn Minuten später kamen die grün bemoosten Dächer von Rosenborg in Sicht. Und dann lag er vor ihnen, der Reiterhof ihrer Großeltern. Ein malerischer alter Gutshof aus rotem Sandstein, inmitten von Hügeln und Bäumen. Schnaufend überquerte der Traktor eine kleine Steinbrücke, die über einen Bach führte. Wendy und ihre Mutter mussten sich unter den tief herabhängenden Zweigen der Hoflinde ducken. Mit einem lauten Husten hielt der Traktor im Hof, schüttelte sich und stand still.

Etwas umständlich kletterte Wendy vom Anhänger und stellte überrascht fest, dass es ein gutes Gefühl war, wieder hier zu sein. Egal, was passiert war.

Sie atmete tief ein und schaute sich um. Sah die Bienen im Flieder, die Hühner im Hof und ein putziges geflecktes Hausschwein, das neugierig auf sie zukam.

„Hallo, Schwein!", begrüßte Wendy den Neuzugang auf Rosenborg.

Das Schwein blieb stehen und schaute Wendy aufmerksam an. Offenbar gefiel ihm das Wort.

Wendy hob den Zeigefinger. „Schwein, sitz!", kommandierte sie, und das Schwein machte artig Sitz. Wendy lächelte – na, das war ja mal vielversprechend. „Brav, Schwein." Lobend tätschelte Wendy seinen Kopf.

Auch Wendys Eltern schauten sich um. Aber sie sahen etwas vollkommen anderes. Die Miene ihres Vaters verriet Besorgnis. Wie seine Eltern gewirtschaftet hatten, war zwar immer chaotisch gewesen, aber als sein Vater noch lebte, hatte das Chaos System gehabt, waren die Maschinen immer in tadellosem Zustand gewesen. Jetzt standen der Traktor und der Grubber mit platten Reifen in der Remise. Die Fensterläden des Wohnhauses hingen schief in den Angeln, und überall wucherte das Unkraut.

Eine Stimme ließ alle herumfahren: „Tach."

Vor ihnen stand Oma Herta. Wendys Gesicht überzog ein breites Grinsen. Oma hatte sich gar nicht verändert. Sie trug wie immer Latzhosen und Gummistiefel. Ihre Haare trotzten jedem Versuch, sie in einer Frisur zu bändigen, und standen in alle Himmelsrichtungen vom Kopf ab. Alles in allem hatte Oma Hertas Aussehen etwas Koboldhaftes. Was auch an ihren unzähligen Lachfalten rund um die strahlend blauen Augen lag. Die bewegten sich jetzt allerdings keinen Millimeter.

Oma Herta guckte.

Einfach nur so zu gucken, ohne eine erkennbare Gemütsregung, war eine ihrer Spezialitäten. Wendy kannte ihre Oma jedoch gut genug, um zu wissen, dass sie aufgeregt war. Furchtbar aufgeregt.

Oma Herta wiederholte ihre Begrüßung: „Tach, Junge." Das war eine deutliche Steigerung in puncto Herzlichkeit.

Wendys Vater räusperte sich: „Tag, Mutter."

Es folgte eine Pause.

Der Rest der Familie kam näher zusammen, um den äußerst spannenden Dialog zwischen Mutter und Sohn nicht zu verpassen. Oma Herta wippte, die Hände in den Taschen ihrer Latzhose vergraben, auf den Fersen. Wendys Vater räusperte sich nochmals und versuchte, nicht allzu deutlich auf die vielen kaputten Sachen um ihn herum zu schielen.

„Und, wie geht's dir?", fragte er seine Mutter.

„Jo, geht so."

„Und wie läuft's so?"

„Jo, läuft so."

Oma Herta wippte etwas stärker. Wendys Vater nahm seine Mutter in den Arm, etwas unsicher, und ließ sie auch gleich wieder los.

Schweigen.

Erwachsene, mal ehrlich ... Wendy konnte innerlich nur den Kopf schütteln. Sie beschloss, etwas für die Stimmung zu tun, und humpelte mit einem „Hallo, Oma" auf Oma Herta zu.

Mit Erfolg. Oma Herta aktivierte ihre Lachfalten. Sie strahlte wie ein Leuchtturm. „Wendy-Kätzchen!" Wendy wollte ihre Oma eben umarmen, da stutzte diese und hielt Wendy prüfend an den Schultern von sich. „Ja, sag mal, trägst du das olle Ding immer noch?" Fassungslos schaute Oma Herta auf Wendys Beinschiene. Und bevor Wendy etwas erwidern konnte, hatte sie sich schon entrüstet an ihren Sohn gewandt.

Wenn sie wollte, konnte Oma Herta ganz viel reden.

Jetzt wollte sie offenbar. In einem einzigen gewaltigen Wortschwall wollte sie wissen, wieso ihre arme Enkelin denn bitte dieses monströse Ding immer noch tragen müsse. Damit könne man ja wohl kaum reiten. Obwohl es doch das Wichtigste bei einem Sturz vom Pferd sei, sofort wieder aufzusteigen! Was ihr Sohn als Reitlehrer ja eigentlich wissen sollte!

Wendys Vater wurde daraufhin sehr höflich, was kein gutes Zeichen war, und erwiderte nur, dass „das Wichtigste" wohl ein Sattel gewesen wäre.

Wendys Oma stand das schlechte Gewissen schlagartig ins Gesicht geschrieben, und die Stimmung war damit erst mal — wie Oma Herta immer so schön sagte — „im Teich".

Dort blieb sie auch noch eine Weile.

Wendy entfloh der angespannten Atmosphäre, indem sie sich auf ihr Zimmer verkrümelte. Sie liebte diesen Raum. Die ehemalige Gesindekammer lag direkt unterm Dach. Wenn man aus dem kleinen Fenster schaute, wurde man mit einem atemberaubenden Blick über die Dächer von Rosenborg und die umliegenden Felder belohnt. Licht kam trotzdem genug in die Kammer, denn das Dach war noch nie richtig dicht gewesen. In wolkenfreien Sommernächten konnte man den Mond durch die Schindeln scheinen sehen. Inzwischen war das Dach anscheinend noch undichter als bisher. Oma Herta hatte vorsorglich ein paar Extraeimer aufgestellt. Für den Fall, dass es ein Sommergewitter geben sollte.

Abgesehen von den bunten Eimern standen ein altes Bauernbett unter einer Dachschräge, eine handbemalte Bauernkommode an der Wand und ein altes hölzernes Schaukelpferd auf dem Flickenteppich.

Wendy tippte es lächelnd an. „Hallo, Dixie." Ihr erstes Pferd! Sie war immer pferdeverrückt gewesen, konnte reiten, bevor sie laufen konnte. Zumindest hatte ihr Vater das immer voller Stolz behauptet. Aber Eltern neigten ja gern mal zu Übertreibungen. Sogar ihre alten Kinderzeichnungen waren noch an der Wand. Pferde, Pferde, Pferde. In allen Formen und Größen. Und ihre Schleifen, die sie bei Turnieren gewonnen hatte. Ganz vorsichtig pulte Wendy den vergilbten Kleber von der Wand und löste die Bilder ab. Bild für Bild verschwand in der Schublade. Die Turnierschleifen folgten.

Sie war gerade damit fertig und begutachtete zufrieden die leere Wand, da knallte die Tür auf, und Oma Herta stand mit einem kunterbunten Strauß aus Wiesenblumen in der Hand da. „So, Wendy-Kätzchen, jetzt haste wenigstens noch ein paar Blümchen in der Bude." Mit diesen Worten stopfte ihre Oma die Blumen in eine Vase, kippte noch etwas Wasser aus einem der Eimer darüber (aha, es regnete also tatsächlich rein) und stand dann etwas verlegen da.

Wendy tat das, was sie schon die ganze Zeit tun wollte, und umarmte ihre Oma wortlos. Ganz fest. Und ganz lange.

Die schmolz dahin: „Ach, Kätzchen, gut, dass du wieder da bist. Das wäre kein Sommer ohne dich!"

Die beiden brauchten nicht mehr Worte, um zu wissen, das alles gut war zwischen ihnen. Egal, was passiert war letzten Sommer. Egal, wie schlimm es gewesen war. Gestärkt von diesem positiven Gefühl, ließ ihre Oma es sich nicht nehmen, Wendy zu zeigen, was von „Preußens Glanz und Gloria" noch übrig geblieben war, wie sie es formulierte. Wendy ahnte, was nun kam, machte ihrer Oma zuliebe aber mit.

So ein riesiges Pferd hatte Wendy noch nie gesehen. Wie ein Turm ragte Kaltblut Max vor ihr auf. Dem erwartungsvollen Blick ihrer Oma, die beteuerte, es gäbe wirklich kein braveres Pferd als das ehemalige Brauereipferd, begegnete Wendy mit Kopfschütteln.

Annemone, die wäre genau richtig für Wendy, beteuerte

Oma Herta hoffnungsvoll. Die Hannoveranerstute war wie Max neu auf dem Hof, das Erbstück aus einer anderen Reitschule, und laut Oma Hertas Aussage so lange im Geschäft, dass sie den Reitunterricht allein abhalten konnte. Praktisch, wenn man sich wie Oma Herta keinen Reitlehrer mehr leisten konnte.

Wendy schüttelte höflich den Kopf, und bevor Oma Herta mit den Shetlandponys weitermachen konnte, teilte sie ihr das Unvermeidliche mit: „Ich reite nicht mehr!"

Oma Herta sah traurig aus. Tieftraurig. „Wie, kein bisschen? Nicht mal im Schritt?" Erneutes Kopfschütteln. „Nicht mal anfassen?"

Wendy schüttelte wieder den Kopf, bemühte sich, wie immer ein fröhliches Gesicht zu machen und die Lüge leicht klingen zu lassen: „Ist nicht so schlimm, wie es aussieht, Oma." Und dann hüpfte sie davon. So gut es ging mit der klappernden Schiene am Bein.

Oma Herta schaute ihrer Enkelin nach. Ihr Herz krampfte sich zusammen, bei jedem Klacken der Schiene.

Kaum war Wendy um die Hausecke verschwunden, ging sie normal. Sie hatte es satt. Am liebsten würde sie sich irgendwo verkriechen und nie wieder herauskommen. Wendy hielt ihre Sommersprossen in die Sonne und kräuselte die Nase. Schnupperte, lächelte. Sie wusste auch schon, wo.

Minuten später war sie in ihrem Reich. Im grünen Dämmerlicht des Waldes hockte sie mit angezogenen Knien im Farnkraut, blinzelte in den Himmel und ließ die Schatten der filigranen Farnblätter über ihr Gesicht tanzen. Es roch nach Moos und Erde. Direkt neben ihr wühlte eine Amsel im Laub. Unter einem bemoosten Stein kroch ein lackschwarzer Salamander hervor. Hier hatte sie erst mal ihre Ruhe vor der Welt. Hier ließ es sich bequem einen Sommer lang träumen. Sie legte den Kopf auf die Knie und schaute in die feucht glänzenden Augen des Salamanders. Was der Schecke jetzt wohl gerade machte?

Beim Abendessen herrschte immer noch Eiszeit zwischen Oma Herta und Wendys Vater. Insgeheim kämpften beide noch mit ihrem schlechten Gewissen. Wendy kannte ihre Familie. Das konnte dauern. Auch das Anschauen alter Fotoalben lockerte die Stimmung nicht wirklich auf. Nur Tom bekam glänzende Augen, als er einen sehr jungen Opa Gerhardt auf einem sehr alten Motorrad entdeckte. Eine BMW-R71 aus den 40er-Jahren. Autonarr Tom kannte sich auch bei Motorrädern aus. Wendy hätte in der hübschen jungen Frau daneben ihre Oma beinahe nicht erkannt. Ohne Latzhose sah sie völlig fremd aus.

Tom trollte sich früh auf sein Zimmer. Nicht ohne zu verkünden, dass er dort einsam vor Langeweile sterben würde. Wendy übte noch ein bisschen Sitz und Platz mit „Schwein" und ging dann ebenfalls zu Bett.

Im Bett liegend schaute sie einer gefleckten Motte zu, die sich am Dachfenster niedergelassen und so den Tag verschlafen hatte. Von nebenan aus dem Zimmer ihres Bruders klang das Geräusch von Drumsticks, die die Zimmereinrichtung bearbeiteten. Tom sang dazu monoton: „Es ist elf Uhr abends." – *Trommelwirbel auf Holz* – „Und alles so öde." – *Trommelwirbel auf Plastik* – „Und mir fällt nicht mal 'n Lied ein." – *Trommelwirbel auf Glas*. KLIRR!

Lächelnd tippte Wendy ihr altes Schaukelpferd Dixie an und schaute ihm schläfrig beim Schaukeln zu. Hin und her, hin und her. Langsam fielen ihr die Augen zu. Sie glitt hinüber in den Schlaf und betrat eine Welt, die ihr ganz allein gehörte. In der ein riesiger Salamander ihr irgendetwas sehr, sehr Wichtiges sagen wollte, sie aber kein Wort verstand. In der ihre Oma im geblümten Sommerkleid mit langen blonden Haaren Motorrad fuhr. Und in der ein unwirklich schimmerndes Pferd aus einem Waldsee auftauchte. Dann plötzlich scheute es vor einem merkwürdig flappenden Geräusch und rannte im Mondlicht davon.

Flapp. Flapp. Flapp.

Da war es wieder, das Geräusch. Irgendetwas berührte Wendys Gesicht. Etwas Samtiges, Weiches. Sie schreckte auf. Wischte sich über das Gesicht. Schaut sich panisch im Zimmer um. Und musste gleich darauf über sich selbst lachen. Es war nur die Motte, die hier wohnte und nun hinaus in die Nacht wollte.

Wendy stand auf und öffnete das Fenster.

Und dann sah sie es.

Es stand auf einem Hügel im Mondlicht und schaute hinüber zum Hof. Das Pferd aus ihrem Traum. Nein, genau genommen war es der Schecke, den sie befreit hatte.

Wie an einer Schnur gezogen ging Wendy aus dem Zimmer. Fand mit schlafwandlerischer Sicherheit ihren Weg im Dunkeln die Treppe hinunter. Dann berührten ihre nackten Füße feuchten Kies und nasses Gras. Wendy beachtete es nicht. Sie hatte nur Augen für das Pferd. Es schien auf sie gewartet zu haben. Behutsam streckte Wendy die Hand aus. Der Schecke legte vertrauensvoll seine weichen Nüstern in ihre kleine Handfläche. Für einen kurzen Moment genoss Wendy dieses Gefühl. Spürte den warmen Pferdeatem auf der Haut. Dann knackte es im nahen Wald. Das Pferd warf den Kopf herum und preschte davon. Ein Uhu rief im nahen Wald ihren Namen: „Wendy, Wendy ...!"

„Wendy, aufwachen!" Wendy vergrub den Kopf unter dem Kissen und nuschelte: „Klappe halten, blöder Uhu. Es ist mitten in der Nacht." Komisch, der Uhu klang wie ihre Mutter. Wie ihre Mutter?

Wendy setzte sich leicht schwankend im Bett auf und hatte wie jeden Morgen etwas Mühe, sich zu sortieren. Okay, es war acht Uhr früh. Die Sonne schien ins Zimmer. Die Motte schlief friedlich am offenen Fenster. Und ihre Mutter klopfte an die Zimmertür und erinnerte daran, dass heute Opas Beerdigung war.

Wendy stöhnte. Offensichtlich hatte sie alles nur geträumt. Ihre Beinschiene lag auch noch auf dem Stuhl, genauso, wie sie sie gestern Abend abgelegt hatte. Sie schwang die Beine aus dem Bett, wollte aufstehen und stutzte. Für einen Traum waren ihre Füße ganz schön dreckig.

Beerdigungen und andere Katastrophen

Wendy ließ das Frühstück ausfallen und fütterte lieber Oma Hertas braune Hühner. Dabei guckte sie unauffällig um die Scheunenecke, hinter den Heuschober, am Misthaufen vorbei ...

Von dem Schecken war weit und breit nichts zu sehen. Nur der Wald zeichnete sich dunkel gegen den Horizont ab. Dahinter kam das Moor, wusste Wendy. Vergangenen Sommer war ein Bauer mit seinem Traktor darin versunken. Der Bauer hatte sich noch retten können, aber den Traktor hatte niemand mehr rausbekommen. „Was das Moor einmal geschluckt hat, das gibt es nicht mehr frei!", hatte ihr Opa immer mit dramatisch erhobenem Zeigefinger verkündet. Und wenn man ihm Glauben schenken wollte, waren im Moor auch schon unzählige unvorsichtige Kühe und Schafe versunken. Wendy biss sich auf die Lippen. Wie unvorsichtig war wohl ein Pferd?

In diesem Moment trat Oma Herta aus der Tür, gefolgt vom Rest der Familie. Während alle ordnungsgemäß für die Beerdigung gekleidet waren – sogar Tom trug seinen alten Konfirmationsanzug und zerrte mürrisch am Kragen seines Hemdes –, trug Oma konsequent Latzhose. Allerdings frisch gebügelt, wie sie beteuerte. Und sie hatte einen Korb mit Gemüse dabei.

Wendy lächelte, das flaue Gefühl im Magen, das sie seit dem Aufstehen wegen der bevorstehenden Beerdigung verspürt hatte, löste sich beim Anblick ihrer Oma auf.

Der kleine Dorffriedhof lag im strahlenden Sonnenschein. Während der Pfarrer noch seine letzten Worte sprach, blickte die Trauergemeinde verwundert auf Oma Herta. Die legte in aller Seelenruhe tatsächlich das Gemüse auf den Sarg. Mit einem Kommentar, wie sehr ihr Gerhardt doch Kohlrabi geliebt habe.

Wendy legte ihren selbst gepflückten Strauß Blumen daneben. Während der Chor sang, ließ Wendy den Blick schweifen. Es gab nicht viele Gräber neben der alten kleinen Backsteinkirche. Die meisten Grabsteine waren schon sehr alt und bemoost. Umgrenzt wurde der Friedhof von einer kleinen Steinmauer, über die ein Pferd schaute.

Über die ein Pferd schaute?!?

Wendy schüttelte den Kopf und guckte noch mal hin. Tatsächlich. Da schaute der Schecke frech über die Mauer. Und wieherte leise. Zum Glück schmetterte der Männergesangverein gerade den traurigen Schlussakkord, sodass niemand das Wiehern hören konnte. Unweit ihrer Oma stand der Metzger. Noch blickte er sichtbar gerührt auf das Grab. Aber es war nur eine Frage der Zeit, bis er das Pferd entdecken würde. Wendy sah den dicken Gipsverband an seinem Knie. Was dann passieren würde, konnte sie sich lebhaft ausmalen.

Wendy hielt die Luft an, machte sich ganz dünn und quetschte sich möglichst unauffällig rückwärts durch die Reihen der Trauergäste. Kaum hatte sie genug Abstand zwischen sich und die Menge gebracht, flitzte sie, so schnell es die Beinschiene erlaubte, zu einem kleinen schmiedeeisernen Tor in der Mauer und schlüpfte hindurch.

Der Schecke stand noch da. Anscheinend wartete er auf sie. Wendy baute sich wütend vor ihm auf. „Sag mal, hast du einen an der Waffel? Läufst du mir etwa nach?" Ein bestätigendes Wiehern war die Antwort. Mit freundlicher Aufmerksamkeit blickte das Pferd sie an. So aus der Nähe konnte Wendy die Striemen und Schrammen an seinem Körper noch deutlicher sehen. Die Wunde an der Flanke war eitrig, aber Gott sei Dank ohne Maden. Dann kam der Schecke näher und pustete Wendy ganz zart ins Gesicht.

Pass auf.

Vor Schreck machte Wendy einen Satz nach hinten. „Lass das!", fauchte sie und ging lieber auf Sicherheitsabstand. „Also, wenn du meinst, ich könnte ein Pferd gebrauchen, dann bist du schiefgewickelt!"

Das schien das fremde Pferd nicht zu beeindrucken.

Auf dem Friedhof zerstreute sich die Trauergemeinde. Der Metzger nahm Kurs auf den Ausgang und die Mauer. Wendy wollte schon in die Stirnlocke des Pferdes greifen, um es außer Sichtweite zu ziehen.

Fass es nicht an.

Verdammt. Wendys Hand stoppte in der Luft. Wie sollte sie das Pferd nur aus der Gefahrenzone bekommen? Sie fing an, es zu scheuchen wie ein Huhn. „Kscht ... Kscht ... willst du wohl gehen! Ab in die Büsche. Kscht!"

Der Wallach legte den Kopf schief. Was für ein lustiges Spiel! Er fing an, Wendy zu stupsen. Die kam sich ziemlich lächerlich vor. In ihrer Not warf sie einen Grasklumpen nach dem Pferd. Aber so, dass sie es nicht wirklich traf. Das wirkte. Das Pferd verschwand rückwärts in den Büschen, bis nur noch der Kopf herausschaute.

Wendy hörte ihren Vater nach ihr rufen und machte kehrt. Nicht ohne sich noch mal umzuwenden. „Ich kann kein Pferd gebrauchen, hörst du! Ich will kein Pferd! Und ich wohne hier auch gar nicht!" Wendy hoffte inbrünstig, dass das Pferd sie verstanden hatte und sich endlich davonmachte.

Leichenschmaus ist kein schönes Wort, fand Wendy. Irgendwie sogar richtig gruselig. Aber die kleine Trauergesellschaft, die sich im Dorfgasthof „Zum alten Rathaus" versammelte hatte, war eigentlich ganz lustig. Wendy hielt sich abseits und ging einer ihrer Lieblingsbeschäftigungen nach: Leute gucken. Nebenbei fütterte sie heimlich einen struppigen kleinen Dorfhund mit Häppchen vom Büfett.

Ihr Vater sprach angeregt mit einer sehr schicken mittelblonden Frau. Ulrike Imhof lachte ein bisschen zu herzlich und hatte ihre Hand ein bisschen zu lange auf dem Arm ihres Vaters. Das machte sie immer so. Wendy kannte die Besitzerin des größten Reiterhofes im Landkreis gut. Sie war Vanessas Mutter. Vanessa selbst war zum Glück nicht anwesend. Und Wendy hatte auch keine Lust, der eingebildeten Ziege zu begegnen.

Wendys Bruder Tom konnte der Veranstaltung offenbar auch einiges abgewinnen. Er saß mit ein paar kernigen Bauern an Opa Gerhardts altem Stammtisch zusammen. Wendy hörte nur ein paar undeutliche Sprachfetzen in westfälischem Dialekt wie: „Keine Angst, is Kinderschnaps ... Kopp in 'n Nacken und runter damit."

Ihr Bruder griff voller Vorfreude nach einem Pinnchen, aber da war schon die Hand seines Vaters am Glas. Mit der Rechten zog er seinen protestierenden Junior am Kragen hoch, mit der Linken prostete er den Bauern zu und trank selbst.

Warum war die Imhof nur so penetrant freundlich zu ihrem Vater? Wendy schlenderte unauffällig näher und hörte, wie sie mitfühlend tat und säuselte: „Was macht ihr denn jetzt nur?"

Offenbar verstand Wendys Vater nicht gleich.

Ulrike Imhof hakte nach: „Na, mit dem Hof?!"

Wendy vergaß vor Spannung, den Hund zu füttern. Der leckte ihr hingebungsvoll die Finger ab.

„Bei den vielen Schulden." Ulrike Imhof erlaubte sich einen kurzen mitfühlenden Blick und kam dann, getreu der reiterlichen Devise, Hindernisse immer frontal anzureiten, schnell zum Wesentlichen: „Ich kaufe euch Rosenborg ab. Und ich mache euch ein wirklich faires Angebot für den ganzen alten Ramsch."

Ramsch? Wendy zog empört die Luft ein und wischte sich die vollgesabberte Hand am T-Shirt ab.

Ulrike Imhof hielt ihrem Vater auffordernd die Hand hin.

Nicht einschlagen, Papa!, schoss es Wendy durch den Kopf. Nicht einschlagen!

Zum Glück tat er es nicht. Ulrike Imhofs Hand schwebte noch ein paar Sekunden in der Luft, bis sie sie sinken ließ und erklärte, selbstverständlich könne Gunnar da gern noch eine Nacht drüber schlafen.

Wendy hatte genug gehört. Nicht im Traum hätte sie

daran gedacht, dass Rosenborg einmal jemand anderem als ihrer Familie gehören könnte. Und was würde dann aus Oma Herta werden? Natürlich betonte Ulrike Imhof, wirklich nur helfen zu wollen. Aus alter Freundschaft! Und, schwups, war auch ihre Hand wieder auf dem Arm von Wendys Vater. Wendy hätte der falschen Kuh am liebsten kräftig in die Kniekehlen getreten. Aber sie konnte sich beherrschen. Sie musste ihre Oma warnen.

Energisch quetschte sich Wendy auf der Suche nach ihrer Oma durch das Gewühl. Die stand am anderen Ende des Raumes mit ein paar Landfrauen zusammen. Doch noch bevor sie sie erreicht hatte, fiel ihr Blick zufällig aus dem Fenster. Draußen stand – war es zu fassen! – schon wieder dieses Pferd! Und davor saß – zum Glück mit dem Rücken zum Fenster – der Metzger! Wendys Herz machte einen Sprung. Und ihr wurde schlagartig klar: So konnte es nicht weitergehen. Sie musste etwas unternehmen.

Es ist nicht dein Pferd. Es geht dich nichts an.

Klappe halten! Wendy ignorierte die mahnende Stimme in ihrem Kopf und stampfte wütend hinaus.

Na toll! Da standen sie nun also. Genau wie vorher am Friedhof. Und jetzt auch noch mitten auf dem Dorfplatz. Das fremde Pferd freundlich interessiert und abwartend, Wendy stocksauer: „Weißt du eigentlich, in was für eine Situation du mich bringst?"

Schön altklug der Satz, den hatte sie oft genug selbst von ihren Eltern gehört. Dem Pferd schien er nicht zu imponieren. Es versuchte, zart an Wendys Jacke zu knabbern. Wendy ging auf Sicherheitsabstand. Was nun? Okay, anfassen ging nicht, trotzdem mussten sie hier ganz schnell weg. Hektisch schaute sie sich um. Direkt beim Gasthof stand ein kleiner Lieferwagen. Und auf der Ladefläche standen mehrere Paletten mit frischem Gemüse: Kartoffeln, Zwiebeln und – Gott sei Dank – Möhren! Beherzt griff Wendy zu.

Ein paar Minuten später war Wendy mit dem Pferd auf einem Feldweg unterwegs. Eine Möhre hatte sie an einen Stock gebunden, um das Tier auf Abstand zu halten. Der Wallach trottete brav hinter ihr her und versuchte, die Möhre zu erhaschen. Schließlich erwischte er sie.

Wendy schimpfte. Für ihren Geschmack waren sie noch nicht weit genug entfernt. „Na prima, das war die

Letzte. Dann musst du halt so mitkommen. Bei Fuß! Beweg dich" Wendy ging weiter. Sie mussten außer Sichtweite der Häuser kommen. Das Pferd schien zu begreifen und folgte. Vielleicht hoffte es aber auch nur auf mehr Möhren.

Tatsächlich folgte es Wendy wie ein Hund. Ging Wendy vom Weg ab durchs Gebüsch, folgte es ihr. Ging sie im Kreis, folgte es ihr. Drehte Wendy um und kam auf das Pferd zu, ging es rückwärts. Es wahrte immer einen gewissen Abstand. Als wäre da ein unsichtbares Gummiband zwischen ihnen, das unbedingt straff gespannt sein musste.

Wendy musterte das Pferd mit schief gelegtem Kopf. Der Schecke tat es ihr nach. Spiegelbildlich. Wendy wunderte sich: „Also, normal ist das nicht."

Schließlich blieb Wendy stehen. „So, das reicht", entschied sie. „Hau ab. Lauf!"

Keine Reaktion. Das Pferd stand wie festgetackert und wieherte ganz leise.

Langsam kroch die Wut in Wendy hoch. Das wurde ihr alles zu viel. Das Pferd, der Hof – sie wollte sich einfach nur wieder im Farnkraut verkriechen und warten, bis der Sommer vorbei war. Entschlossen nahm sie einen

Brocken Erde und warf ihn nach dem Schecken. „Hau ab!" Und diesmal traf sie. Der Wallach machte einen erschrockenen Satz. „Lauf!" Ein verwundertes, schrilles, fast flehentliches Wiehern war die Antwort. Wendys Herz krampfte sich zusammen. „Hau endlich ab. Ich will dich nie wiedersehen. Dich nicht. Und auch sonst kein Pferd." Noch ein Brocken Erde.

„Ich hasse Pferde!"

Der Schecke machte auf dem Absatz kehrt und galoppierte davon. Wendy versuchte, gegen das Zittern in ihrem Körper anzukämpfen, und wischte sich trotzig die Augen. „Besser für uns beide."

Sie schaute dem Pferd kurz nach, das zwischen den Feldern verschwand. Dann machte sie sich auf den Heimweg.

Während sie in der Sommerhitze zurückging, spürte Wendy einen Kloß im Hals. Wie gemein musste man sein, um ein hilfloses Wesen einfach fortzujagen? Damit sie es sich bloß nicht anders überlegen konnte und dem Pferd womöglich noch nachrannte, schimpfte sie laut mit sich selbst. Es war besser so! Sie hatte schon genug Probleme! Außerdem war es nicht ihr Pferd! Erschöpft blieb Wendy stehen. Sie brauchte Ablenkung. Dringend!

In einiger Entfernung sah sie hohes Schilf. Dahinter lag der See. Aber schwimmen war auch so ein schwieriges Thema. Ratlos kratzte sich Wendy das Knie unter ihrer Beinschiene.

Der See lag in der Landschaft wie ein großes grünes Auge.

Das nahe Moor gab dem Wasser seine unergründliche tiefgrüne Farbe. In der Mitte schimmerte der See fast schwarz. Umsäumt wurde er von dichtem, mannshohem Schilf. Seine Ufer waren zu sumpfig zum Baden. Deshalb hatte ein kluger Mensch vor langer Zeit einen Steg gebaut, der nun durch das Schilf, vorbei an brütenden Reihern und quakenden Fröschen, direkt in den See führte. An seinem Ende stand ein kleines Bootshaus. Davor lagen jetzt sechs Kinder und ein großer wuscheliger Hund auf den sonnenwarmen Holzplanken, unter ihnen Vanessa, Bianca, Merle und Mücke.

Mücke ging es nicht viel besser als Tom. Auch er war seit der vierten Klasse unsterblich in Vanessa verknallt und ließ keine Gelegenheit aus, ihr seine Gefühle kundzutun. So auch jetzt.

„Arschbombe!"

Mit einem Megaplatscher landete Mücke im Wasser.

Eine enorme Wasserfontäne schoss über den Steg, über Vanessas Handtuch, ihr Buch und ihr Handy.

„Röttgers, du Spacko!" Vanessa funkelte ihn wütend an.

Mücke strahlte, er war über jede Form von Aufmerksamkeit dankbar.

„Wenn mein Handy im Arsch ist ...!" Voller Sorge tupfte Vanessa ihr Handy trocken und kontrollierte dann sofort ihr Gesicht in einem kleinen Taschenspiegel. Sie schminkte sich seit Neuestem, und zwar nach exakter Anleitung.

Bianca war jedes Mal sprachlos vor Staunen, wenn sie Vanessas Sammlung von Schminkpinseln sah. Ihre Versuche, ihrem Idol nachzueifern, führten zu eher unbefriedigenden Ergebnissen. Zum Glück war Vanessa eine wirklich gute Freundin und hatte keine Hemmungen, Bianca auf Peinlichkeiten hinzuweisen. Gern auch sehr direkt.

So auch jetzt. Während Vanessa versuchte, ihr klatschnasses Handtuch auszuwringen, streifte ihr Blick Biancas Körper, der in einem viel zu engen, billigen Badeanzug steckte. „Sag mal, wenn nächste Woche Hoffest bei uns auf St. Georg ist, gehst du aber nicht als Presswurst."

Die etwas pummelige Bianca zog das Handtuch enger um sich. „Ne, dann zieh ich meinen neuen Jumpsuit an!"

Vanessa fiel das Handy vor Schreck beinahe in den See.

„Jumpsuit? Hosenanzug mit Gummizug?" Vanessa schnappte nach Luft: „Bianca, das geht gar nicht! Nicht bei deiner Figur." Es folgte eine präzise Anweisung: „Enge Leggins und weites Oberteil, längs, nicht quer gestreift, und hohe Schuhe. Die strecken deine Beine optisch. Obwohl, bei deinen Waden ... Egal. Die leih ich dir."

Bianca nickte beeindruckt. „Okay, danke!"

In diesem Moment sprang Merle auf. Vanessa konnte ihr Handy gerade noch schnappen, bevor es ihr Richtung Wasseroberfläche entglitt. Merle zappelte vor Aufregung: „Schaut doch mal! Wendy ist wieder da! Wendy ist wieder da!"

Tatsächlich stand Wendy etwas abseits auf dem Steg. Sie hatte die kleine Szene beobachtet und kraulte Mückes großen wuscheligen Hund, der aufgesprungen war, um sie zu begrüßen.

Vanessas Lippen wurden ganz schmal. „Ja, schau an, die Wendy. Wer hätte das gedacht."

Merle schoss auf Wendy zu und umarmte sie in

Bauchhöhe. Dann ließ sie los, zog ihre Wangen mit je zwei Fingern weit auseinander und fletschte die Zähne.

Wendy musste grinsen. „Cool, Zecke, du hast 'ne Spange."

Vanessa war von Wendys Auftauchen nicht halb so angetan wie Merle. Die Begrüßung fiel sehr kühl und abschätzend aus. Bianca hätte ihre Freude gern gezeigt, aber da sie immer auf der Hut war, Vanessa nicht zu verärgern, hielt sie Abstand und lächelte nur schüchtern. Wendy lächelte zurück.

Merle sprudelte über: „Wieso hast du dich denn nicht gemeldet? Wir haben uns *voll* Sorgen gemacht. Deine Oma meinte, du warst *voll* lange im Krankenhaus. Und der Sturz wäre *voll* schlimm gewesen."

Vanessa unterbrach sie genervt: „Merle, was hatten wir ausgemacht über die abwechslungsreiche Verwendung von Adjektiven?"

Merle musste kurz überlegen: „Äh ja, ich weiß, aber das ist *voll* schwierig."

Vanessa gab genervt auf. Sie lächelte Wendy kühl an. „Im Krankenhaus konnte man auch keine SMS schreiben, nehme ich an."

Merle sperrte den Mund auf. „Warst du eingegipst bis in die Finger?"

„Bis *zu den* Fingern!" Vanessas Nachhilfeversuche kamen wieder nicht an, Merle war nicht zu bremsen: „Und jetzt bist du hier, um wieder zu trainieren?"

Bianca schaltete sich ein: „Vanessa hat extra für die Juniorenmeisterschaft ein neues Pferd bekommen. Tornado! Ein Torquato-Sohn. Hammerpferd!"

Wendys Reaktion war verhalten: „Ach schön. Wenn's hilft."

Das war nicht böse gemeint, kam aber gar nicht gut an bei Vanessa. Ihr Gesicht verfinsterte sich. In der Ferne hörte man bereits das entfernte Grollen von Donner. Ein Sommergewitter zog auf. Vanessas Blick blieb auf Wendys Beinschiene hängen. „Kann man damit überhaupt reiten?"

Wendy schüttelte den Kopf. „Nein, ich reite auch nicht mehr."

Merle riss die Augen auf. „Wie denn, gar nicht mehr?!?"

Bianca schaute ganz betroffen. Vanessa taxierte Wendy. So ganz glauben mochte sie es nicht. „Und schwimmen?"

Wendy schüttelte den Kopf. „Nein, da könnte ich mir auch einen Stein um den Hals hängen und in den See springen."

Letzteres hatte Mücke gehört, der aus dem See gekommen war und sich das Wasser aus den Haaren schüttelte wie ein Hund. Direkt neben Vanessa. „Wer hat 'nen Stein um den Hals hängen?"

Vanessa wischte sich genervt die Wassertropfen von der Wange und antwortete kühl: „Wendy." Und als wolle sie ihrer Antwort den Beweis folgen lassen, drehte sich Vanessa um und rempelte Wendy an. Die verlor das Gleichgewicht. „Ups!" Vanessa lächelte hinterhältig.

Mit einem lauten Platsch landete Wendy im Wasser.

Bianca schrie Vanessa an: „Spinnst du?", und schlug sich gleich darauf mit der Hand auf den Mund, ganz erschrocken über ihren Mut.

Wendy spürte den Aufprall. Das Wasser war warm, fast samtig. Sie kam noch einmal an die Oberfläche, sah die erschrockenen Gesichter der anderen, die über den Rand des Stegs gebeugt auf den Knien dalagen und zu ihr hinunterstarrten. Dann ging sie unter. Mit weit geöffneten Augen.

Das Wasser war faszinierend grün. Vereinzelt

schwebten Luftblasen an die Oberfläche. Im Moor kam es zu Gasbildung. Das wusste sie. Aber nicht, dass die Luftblasen dadurch so bunt waren. Wendy bewegte sich nicht. Machte gar keine Anstalten, an die Wasseroberfläche zurückzukommen. Vielleicht lag darin die Lösung: aufgeben. Einfach gar nichts mehr tun.

Am Steg starrten alle starr vor Schreck auf die Wasseroberfläche. Zunächst kamen noch ein paar vereinzelte Luftblasen, die sanft zerplatzten. Dann war der See ruhig. Spiegelglatt und regungslos.

Merle heulte als Erste los: „Du hast sie umgebracht. Du hast Wendy umgebracht!"

Vanessa überspielte ihre Unsicherheit: „Quatsch. So schwer ist das Teil doch gar nicht. Die schwimmt doch normalerweise wie ein Fisch."

Bianca sah blass aus. „Vielleicht hat sie einen Kreislaufschock, weil das Wasser noch so kalt ist."

Vanessa musste schlucken. In ihrer Not fiel ihr nichts Besseres ein, als Mücke anzuschreien: „Mücke! Jetzt tu doch mal was. Los! Köpper!"

Mücke war nicht der Schnellste. Er stand auf, sammelte sich, zögerte. „Und was ist, wenn ich aus Versehen auf sie draufspringe?"

„SPRING!"

Ausnahmsweise waren sich die Mädchen mal einig. Mücke holte tief Luft. Trat an den Rand. Federte leicht in den Knien. Da kräuselte sich die Wasseroberfläche, und mit einem mächtigen Schub, prustend und nach Luft schnappend, kam Wendy zurück an die Oberfläche. Nichts tun war definitiv nicht die Lösung.

Sie bekam den Steg zu fassen und zog sich hoch. Mücke und die anderen halfen. Alle, bis auf Vanessa. Die war kreidebleich. Das war Absicht gewesen. So viel hatte sie begriffen. Wendy hatte sie reingelegt.

Und das würde sie ihr heimzahlen.

Alle anderen wuselten aufgeregt um Wendy herum. Mücke befühlte ihre Beinschiene. „Ey krass. Mein Opa hat auch 'n kaputtes Knie. Der ist von 'nem Gaul getreten worden. Man glaubt es ja nicht, aber Metzger ist ein gefährlicher Job. Das waren über zwanzig Pferde. Und ich musste sie einfangen. Dabei hat eins meinem Opa die Kniescheibe zertreten. Wir hätten tot sein können!"

Die Schilderung seiner Heldentaten zeigte bei Vanessa nicht die erhoffte Wirkung. Sie kräuselte nur spöttisch die Lippen und begann sorgfältig, ihre Sachen zusammenzupacken. Das Donnergrollen kam näher.

Mücke schloss seine Schilderung mit einem markigen: „Aber den Gaul kriegen wir noch. Und dann schneidet Opa ihn in ganz kleine Scheibchen!"

Wendy schaute Mückes Hund, der sie freundlich anschnüffelte, nachdenklich an. „Bernhardiner-Mix? Wie schmeckt der so?"

Mücke fiel das Kinn runter. „Ich ess doch den Olaf nicht! Der Olaf ist mein Freund!"

Wendy und Bianca tauschten ein Lächeln. Bianca hatte die Spitze schon verstanden. Im Gegensatz zu Mücke. Wendy hatte es eilig fortzukommen. Mückes Schilderung hatte sie wieder an das Pferd denken lassen, und alle ihre Probleme waren mit einem Schlag wieder da. Ein kurzes „Tschüss", und dann ging sie. Mücke schaute ihr kopfschüttelnd nach. Mädchen! Da rettete man sie aus dem See und dann so was.

Der Donner wurde immer lauter.

Im Gasthof „Zum alten Rathaus" war die Stimmung nicht viel besser. Sie war sogar ausgesprochen schlecht. Oma Herta hatte Wind von Ulrike Imhofs „freundschaftlichem Angebot" bekommen und sich empört, man wolle ihr den Hof „unter dem Hintern wegziehen", und das, noch bevor Opa Gerhardt „ganz kalt" sei. Heike Thorsteeg hatte wie immer versucht, die erhitzten Gemüter zu beruhigen. Tom hatte die Gunst der Stunde genutzt, der Bedienung selbstlos beim Abräumen zu helfen, und sich dabei an den alkoholischen Resten gütlich getan.

Wendy traf ihn vor dem Gasthof kopfüber in einem Wasserbottich steckend an, mit der Absicht, sich zu „schockentnüchtern", wie er es nannte.

Was keinen nennenswerten Erfolg hatte. Seine Mutter roch den Alkohol trotzdem und verordnete Haus- beziehungsweise Hofarrest für den Rest der Ferien. Wendys klatschnasser Zustand irritierte sie sichtbar. Doch Wendys Kommentar „War kurz mal schwimmen" zauberte ihr sofort ein Lächeln ins Gesicht. „Nächstes Mal dann aber mit Badeanzug, Schatz."

„Na klar, Mama."

Am zweiten Abend auf Rosenborg gingen wieder alle ungewöhnlich früh schlafen. Während draußen ein prächtiges Sommergewitter niederging und der Atmosphäre den passenden theatralischen Rahmen gab, lauschte Wendy heimlich an Türen. Hinter der Tür zum Schlafzimmer ihrer Eltern hörte sie aufgebrachte Stimmen und Satzfetzen wie „viel zu lange nicht hier gewesen" und „hätte mich kümmern müssen" und „den Tatsachen ins Auge sehen". Das klang eindeutig nach ihrem Vater und nach einem sehr schlechten Gewissen.

Wendy bekam gleich ebenfalls ein schlechtes Gewissen. Im Grunde war es ihre Schuld, dass ihr Vater sich mit Oma und Opa verkracht hatte. Weil sie gestürzt war. Und unbedingt ohne Sattel hatte reiten wollen.

Ihre Mutter war mal wieder die Stimme der Vernunft. Wendy hörte beruhigende Worte wie „Mach dir keine Vorwürfe" und „Niemand hat Schuld!". Danke, Mama, dachte Wendy. Und „unbedingt nach vorn sehen".

Dann folgte ratloses Schweigen.

Hinter Toms Tür vernahm Wendy eindeutige Geräusche. Offenbar entledigte sich ihr Bruder des unerlaubt zu sich genommenen Alkohols doch noch. Wendy griente. Eimer gab's im Haus ja genug.

Nur hinter Oma Hertas Schlafzimmertür war es still. Viel zu still für Wendys Geschmack.

Wendy ging auf ihr Zimmer und fiel in einen unruhigen Schlaf.

Sie träumte davon, auf dem fremden Pferd durch die Felder zu reiten, zu fliegen beinahe. So wie früher.

Schwerelos und sorgenfrei. Dann wurden die Traumbilder düsterer. Es donnerte. Das Pferd bäumte sich auf und raste auf ein rotes Gatter zu. Holz krachte. Hufe wirbelten. Mit einem Schrei wurde Wendy wach.

Sie saß aufrecht im Bett. Sie kannte diesen Traum. Zumindest den zweiten Teil. Den düsteren. Nach dem Sturz hatte sie ihn fast jede Nacht aushalten müssen. Irgendwann waren die Albträume weniger geworden, und zuletzt hatte sie sie beinahe vergessen. Dachte sie.

Wendy versuchte, die Erinnerung abzuschütteln. Der Wind riss das Fenster immer wieder auf, und es krachte gegen das Dach. Wendy schwang die Füße aus dem Bett, hüpfte zum Fenster und stemmte es gegen den Wind. Geschafft. Ein Blitz zuckte über den Himmel. Wendy schaute hinaus.

Mitten im Unwetter stand der Schecke auf dem Hügel.

Noch bevor der Donner den Hof erreichte, hatte Wendy ihre Beinschiene angelegt, ihre Jacke und die Turnschuhe angezogen und rannte hinaus. Die Treppe hinunter. Zwei Stufen auf einmal nehmend. Rein in die Küche!

Hektisch riss Wendy eine Küchenschublade nach der anderen auf. Auf Oma Hertas häusliches Chaos war Verlass. Zwischen Messern, Gabeln und Löffeln fand sich tatsächlich alles, was man brauchte, um ein Pferd zu verarzten: Salbe, Verbandszeug, sogar ein paar alte Spritzen und Ampullen mit Antibiotika. So schnell sie konnte, stopfte Wendy alles in ihren Rucksack und griff hastig noch ein paar Äpfel und Möhren.

Und dann ging das Licht an.

In der Tür stand Oma Herta. In Nachthemd und Gummistiefeln. „Ja, Wendy-Kätzchen, was machst du denn hier unten? Hast du Angst vorm Gewitter?"

Wendy ließ den Rucksack schnell unterm Tisch verschwinden und log: „Ne, bloß Hunger."

Schlechte Notlüge. Oma Herta sah sich genötigt, einen riesigen Berg Schnittchen zu schmieren und höchstpersönlich darüber zu wachen, dass Wendy sie auch alle aufaß. Wendy saß in der Küche wie auf heißen Kohlen, kaute angestrengt, zählte die Donnerschläge und schaute auf die Uhr. Oma Herta erzählte von ihrer Zeit mit Opa Gerhardt. Und wie sie den Hof gekauft hatten. Wendy tat ihre Oma leid, aber mit jeder Minute schwand ihre Hoffnung, das Pferd noch zu erwischen.

Als ihre Oma sie mit einem heißen Kakao (mitten im Sommer!) zu Bett gebracht hatte, war ihr zu übel, um noch mal rauszugehen. Sie verschob ihr Vorhaben auf den nächsten Morgen und musste erstaunt feststellen, dass sie beunruhigt war. Was, wenn sie zu spät kam? Was, wenn das Pferd fort war? Was, wenn sie es versemmelt hatte?

Eine Freundschaft beginnt

Am nächsten Morgen schien wieder die Sonne. Die Hühner badeten ausgiebig in den Regenpfützen im Hof. „Schwein" suhlte sich wohlig grunzend im frischen, kühlen Matsch. Und Wendy schlich, den vollgepackten Rucksack auf dem Rücken, noch vor dem Frühstück leise aus dem Haus. Die Felder glänzten vor Nässe. Aus den Bäumen tropfte es hin und wieder.

Das Pferd war verschwunden.

Nach einer Stunde vergeblichen Suchens ließ Wendy sich ins nasse Gras plumpsen. Das hatte sie nun davon. Obwohl sie es sich nicht erklären konnte, spürte sie einen Verlust. Dabei kannte sie das Pferd nicht mal. Trotzdem war da ein Gefühl, als wäre eine Chance unwiderruflich verloren.

Scheiße!

Scheißferien waren das!

Wendy stand wütend auf, dreht sich um ... und ihr Herz machte einen Satz. Das fremde Pferd stand keine fünf Meter von ihr entfernt und ließ den Kopf hängen. Es sah jämmerlich aus. Vom Regen in der Nacht waren die verschorften Wunden wieder aufgeplatzt und hatten erneut angefangen zu bluten. Wendy näherte sich vorsichtig. „Hallo, Nervensäge", sagte sie leise.

Keine Reaktion. Das Pferd ließ weiter den Kopf hängen.

Wendy war schon klar: Sie hatte sich wirklich nicht korrekt verhalten. Sie räusperte sich: „Also, laut Wetterbericht liegt die Gewitterwahrscheinlichkeit in den nächsten Tagen bei über fünfzig Prozent."

Keine Reaktion.

Wendy hatte ein furchtbar schlechtes Gewissen. Sie nahm eine Möhre aus dem Rucksack und hielt sie dem Pferd hin. „Los, komm! Komm mit." Das Pferd schnupperte nur schwach an der Möhre und ließ dann den Kopf wieder hängen. Wendy hätte es gern gestreichelt. Ihm Mut gemacht. Aber so weit war sie noch nicht. Sie fühlte sich hilflos. „Ich bring dich in Sicherheit. Und ich schmeiß auch nix mehr nach dir. Versprochen! Ich will dir helfen."

Immerhin schien das Pferd ihr zu glauben. Es hob den Kopf.

Und die beiden schauten sich an.

Der Weg zur alten Scheune im Wald war nicht weit, aber Wendy floss der Schweiß in Strömen über den Rücken, bis sie endlich da waren. Sie war körperliche Anstrengung einfach nicht mehr gewohnt.

Wasser. Sie brauchte Wasser. Und das Pferd ebenfalls. Und zwar viel. Vierzig bis siebzig Liter konnte ein ausgewachsenes Pferd pro Tag trinken. Woher sollte sie das holen?

Egal. Jetzt erst mal rein in die Scheune.

Wendy öffnete das Tor und versuchte, den Schecken mit der letzten Möhre in die Scheune zu locken. Das schien nicht zu funktionieren. Der Wallach bewegte sich keinen Zentimeter auf das weit geöffnete Scheunentor zu.

„Werden dir die Möhren zu langweilig? Äpfelchen vielleicht?" Wendy kramte einen knackigen Apfel aus dem Rucksack hervor und warf ihn in die Scheune.

Auch das half nichts. Der Schecke schüttelte den Kopf, rollte nervös mit den Augen. Na toll. Da hatte sie wohl ein Problempferd erwischt. Angst vor geschlossenen Räumen. Wie nannte man das gleich: Klaustrophobie?

„Warst wohl zu lange eingesperrt. Kann ich nachvollziehen. Geht mir in der Schule auch so."

Der Schecke schaute sie an, als würde er jedes Wort verstehen. Ach, Quatsch. Er VERSTAND jedes Wort. Da war sich Wendy sicher.

Wendy legte den Kopf schief. Schaute das Pferd nachdenklich an. Das Pferd legte den Kopf schief und schaute Wendy an.

„Dann vielleicht rückwärts. Rückwärts rechnen ist manchmal auch leichter!" Wendy vollführte eine enge Wendung, das Pferd folgte ihr. Dann ging sie auf das Pferd zu. Es ging zurück. Einen Meter, zwei Meter. Und ehe es sichs versah, stand es in der Scheune. Wendy zog das Tor hinter sich zu.

Gleich darauf musste sie sich mit einem Satz hinter ein paar alte Strohballen in Sicherheit bringen. Der Schecke hatte begriffen, dass man ihn reingelegt hatte, und flippte aus. Er fegte wild buckelnd und ausschlagend durch die geräumige Scheune.

Oh, oh, da hatte sie sich ja ein echtes Wildpferd eingehandelt. Wendy wartete ein paar Minuten, bis sie sich aus der Deckung traute. Hier war eine Erklärung nötig. Wendy stellte sich auf die Heuballen und erläuterte ausgiebig, warum sie in dieser Scheune waren: weil sie vom Hof weit genug entfernt war und sie hier garantiert niemand finden würde, auch nicht der Metzger.

Es half nichts, das Pferd tobte weiter. Da Wendy nichts Besseres einfiel, fing sie an zu singen. Sämtliche Kinderlieder rauf und runter. Bei „Der Mond ist aufgegangen" wurde das Pferd endlich ruhiger. Trabte schließlich nur noch eine Runde und blieb dann vor Wendy stehen. Wendy kletterte von den Heuballen hinunter. Sie stand vor dem Pferd, das sie nun ganz ruhig anschaute.

So weit, so gut. Nun musste der schwierige Teil folgen. Das Verarzten der Wunden. Wendy hatte Desinfektionsmittel, Antibiotikasalben und Oma Hertas spezielle Honigtinktur dabei. Sie wusste Bescheid, kannte jeden Handgriff.

Geh nicht zu nah ran.

Die Angst war ja schon merklich leiser geworden. Aber sie war immer noch da.

Eine Viertelstunde später versuchte Wendy, Optimismus auszustrahlen: „Na, das sieht doch ganz gut aus. Das nenn ich mal kreative Problemlösung!" Wendy schaute stolz auf ihr Werk. Sie hatte sich einen Riesentupfer gebastelt. Auf dem Ende eines Stocks steckte ein Lappen mit Desinfektionsmittel. So, jetzt musste sie nur noch sachte die Wunde austupfen, immer im komfortablen Sicherheitsabstand. War doch kinderleicht. Eigentlich. Aber nicht mit Pferd. Der Schecke sah den Stock und rollte die Augen. Er wieherte ängstlich und scheute.

Wendy stand still. „Okay, gaaanz ruhig. Kein Grund, wieder auszuflippen!"

So ging das nicht. Sie durfte ihm nicht noch mehr Angst machen. Aber was sollte sie tun? Wendy ließ entmutigt die Schultern hängen. „Ach, verdammt, wir haben beide einen Sprung in der Schüssel. Wir sind beide kaputt. Das wird nie funktionieren." Enttäuscht warf sie den Stock weg. Blöde Idee, das Pferd hierherzubringen. Blöde Idee, zu glauben, SIE könnte ihm helfen. Wendy wandte sich dem Tor zu. Wieso klemmte das Scheißschloss ausgerechnet jetzt? Sie wollte gehen. Das Pferd freilassen. Und sich für den Rest der Ferien im Farnkraut verkriechen.

Während sie noch hilflos am Schieber herumhantierte und immer frustrierter wurde, spürte sie es. Im Nacken. Einen leisen Atemhauch. Ganz warm und weich. Das Pferd stand dicht hinter ihr. Sie konnte seine Wärme spüren. Es pustete ihr ganz zart in den Nacken. Wendy wagte kaum zu atmen. Ganz langsam drehte sie sich um. So nah waren sie sich noch nie gewesen. Wendy schloss die Augen, beugte sich vor, und für einen kurzen Moment berührte ihre Wange die warmen, weichen Nüstern. Das Pferd war mucksmäuschenstill.

Und dann schlüpfte Wendy wie ein Wiesel aus dem Tor. Auf einmal klemmte der Riegel nicht mehr. Danke und tschüss! Das waren fürs Erste genug Sensationen!

Auf dem Weg nach Hause hätte Wendy am liebsten vor Freude getanzt. Wenn sie hätte tanzen können mit ihrem Bein. Da war ein neues Glücksgefühl, wie sie es schon fast nicht mehr für möglich gehalten hätte. Wahnsinn! Das Gras war grüner, der Himmel blauer als sonst. Bombe!

Auf Rosenborg angekommen, holte Wendy als Erstes unbemerkt ihren Badeanzug, den sie vorsichtshalber mitgenommen hatte, aus dem Rucksack und tauchte ihn in die Tränke. Dann hängte sie ihn tropfnass auf die Leine. Prima Alibi!

Ihre Mutter war beim Mittagessen so aus dem Häuschen über Wendys „wichtigen Schritt zurück ins Leben", dass sie sie mit Fragen nur so löcherte: „Schwimmst du eigentlich mit oder ohne Schiene?"

Gute Frage. Wendy blies die Backen auf und überlegte.

Zum Glück war sie ein Ass darin, beim Reden Zeit zu gewinnen. Sechs Jahre Schule mussten schließlich zu irgendetwas gut gewesen sein. Ihre Erklärung war entsprechend ausführlich und verwirrend: „Ja, das kommt darauf an ... also, auf das Wasser, um genau zu sein. Ist das Wasser warm, lege ich sie vorher ab, aber da ich ja nicht weiß, wie kalt oder wie warm das Wasser ist, bevor ich nicht drin bin, gehe ich meistens erst mal mit Schiene rein ... und dann nehme ich sie im Wasser ab."

Oma Herta nickte verständnisvoll. „Ist ja klar – erst im Wasser muss man das Bein nicht mehr belasten."

„Ganz genau", bestätigte Wendy und steckte sich schnell eine Gabel voll Grünkohl in den Mund, bevor noch mehr Fragen kamen.

Der Grünkohl kaute sich etwas schwer.

Dabei fiel Wendy ein, dass sie unbedingt Kraftfutter brauchte. Das Pferd war viel zu dünn. Am besten Mash.

Das musste man anrühren, also brauchte sie auch noch einen Eimer.

„Schmeckt wie Mash? Lass das mal nicht deine Mutter hören." Ihr Vater beugte sich schmunzelnd zu Wendy und flüsterte: „Also, ganz ehrlich, ich steh auch nicht so auf Grünkohl. Aber psst ..." Er legte den Finger auf die Lippen.

Wendy verschluckte sich beinahe. Hatte sie etwa laut gedacht? Zum Glück hatte ihre Mutter das nicht gehört.

Eine Pferdedecke würde sie auch noch brauchen. Wendy hatte etwas Mühe, dem Tischgespräch zu folgen und gleichzeitig ihren Einsatz für ihr Pferd zu planen. Was hatte ihre Mutter gerade gefragt? Wendy antwortete, dass der See in diesem Jahr nicht so warm sei wie im letzten Jahr. Hoffentlich war das die Frage gewesen ... Mein Gott, wie lange konnte man denn über so etwas Banales wie Schwimmen reden? Ihr brach schon der Schweiß aus. Wo bewahrte Oma noch mal das Vitaminpulver auf? Und sie brauchte ein Fahrrad!

Endlich hatte sich das Thema Schwimmen dann doch erschöpft. Wendy verkündete, den ganzen Tag am See zu bleiben und sich Opas altes Fahrrad auszuleihen. Heilfroh, dem freundlichen Interesse ihrer Familie zu

entkommen, machte sie sich daran, alle Utensilien zu-
sammenzusammeln.

Eine halbe Stunde später schob Wendy keuchend ein
vollgepacktes Fahrrad über den Feldweg. Sie hatte einen
Eimer mit frisch angerührtem Mash am Lenker, einen
Kanister Wasser auf dem Gepäckträger und einen hal-
ben Sack Kraftfutter über dem Sattel. Mehr als einmal
drohte das Fahrrad zu kippen.

Wendy war völlig am Ende, als sie die Scheune erreichte. Aber allein schon das Wiehern, das daraus her-
vordrang, kaum dass sie das Rad abgestellt hatte, war
die Anstrengung wert. Wendy öffnete den oberen Teil der
Scheunentür. Das Pferd streckte ihr den Kopf entgegen
und wieherte kehlig. Erschöpft legte Wendy ihre Wange
an die Nüstern des Schecken. Sie konnte seine Ruhe fühlen. Diesmal würde es mit der Versorgung der Wunden
klappen. Das wusste sie.

Winzige Staubpartikel schwebten im Sonnenlicht, das
durch die schmalen Ritzen zwischen den Brettern he-
reindrang. Irgendwo im Heu raschelten Mäuse. Nur die
Ohren des Wallachs spielten aufmerksam. Er bewegte
sich keinen Zentimeter.

Wendy hatte ihre Hand auf das Schulterblatt des Pferdes gelegt. Sie konnte sein Herz schlagen hören. Ganz ruhig. Mit der anderen Hand betupfte sie vorsichtig die gereinigten Wunden. Ab und zu ging ein Schauer über das Fell. Aber der Schecke rührte sich nicht von der Stelle. Er hatte vollstes Vertrauen zu Wendy. Und Wendy zu sich selbst. Zufrieden betrachtete sie ihr Werk. So konnte alles heilen. Es würde zwar noch eine Weile dauern, aber sie hatten ja Zeit. Einen Sommer lang.

Für den Rest des Tages hatte Wendy dann allerdings keine Zeit mehr. Sie musste eine alte unbenutzte Zinkbadewanne von der ehemaligen Kuhweide zur Scheune schaffen. Das war Schwerstarbeit. Und dann im Kanister Wasser vom Fluss holen. Fünf Mal lief sie hin und her, während das Pferd zufrieden im Stroh lag und nur ab und zu verschlafen den Kopf hob. Als wolle es sagen: Ja, mach du mal. Racker dich mal schön für mich ab.

Nach dem fünften Wasserkanister ließ Wendy sich kraftlos neben den Schecken fallen. Ein kurzes Nickerchen wäre genau das Richtige. Sie breitete die Pferdedecke über sich und den Schecken aus und legte sich Rücken an Rücken mit ihm ins Stroh.

Das Pferd wandte ihr den Kopf zu und schaute über

seine Schulter. Für einen Moment sah es so aus, als wolle es Wendy tatsächlich ein Küsschen geben. Wendy lächelte und hielt ihm ihre Wange hin.

„Jetzt brauchst du nur noch einen Namen. Wie wär's mit Bonito?"

Kein Küsschen. Das Pferd ließ den Kopf ins Stroh fallen.

Wendy musste kichern. „Stimmt schon, passt nicht. So wirklich schön biste ja auch eigentlich nicht."

Das Pferd gab ein empörtes Wiehern von sich und bog den Kopf erneut Richtung Wendy.

Wendy betrachtete es nachdenklich. „Mit deinen blauen Augen siehst du aus wie verzaubert. Vielleicht eher was Romantisches?"

Der Pferdekopf kam wieder näher. Wendy hielt erneut ihre Wange hin. Von wegen romantisch. Das Pferd packte die Decke mit den Zähnen. Mit einem kräftigen Ruck zog es Wendy die Decke weg und zu sich hin.

Unverschämtheit! Wendy knuffte ihren neuen Freund mit dem Ellenbogen. „So frech, wie du bist ... Ich weiß, wie ich dich nenne. Ich nenne dich Dixie."

Dixie gab ein kleines quiekendes Geräusch von sich. Dann eben Dixie.

Wendy schmiegte sich an den warmen Pferdekörper. So hätte sie ewig liegen bleiben können.

Beim Abendessen fielen Wendy vor Müdigkeit fast die Augen zu. Sie hörte nur ungenau, wie ihr Vater versuchte, Oma Herta vom Ernst der Lage zu überzeugen. Etwas musste mit dem Hof geschehen. Man musste eine Entscheidung treffen.

Ja, da war Wendy sehr dafür. Erstaunt stellte sie fest, dass sie am liebsten ganz hierbleiben würde. Auf Rosenborg. Mit Dixie. Aber es schien ihr zu früh, sich einzumischen. Und nicht der richtige Moment, um ihren Eltern zu beichten, dass sie quasi ein Pferd gestohlen hatte. Mit einem knappen „Schwimmen macht müde!" verzog sie sich auf ihr Zimmer.

Doch obwohl sie total erledigt war, fand sie lange keinen Schlaf. Sie hatte es getan. Sie hatte Dixie berührt. Mehr noch, sie hatte ihn gerettet. Nun, vielleicht noch nicht so ganz. Aber sie würde es tun. Sie fühlte sich aus tiefstem Herzen verantwortlich. Und sie wusste, sie hatten heute ein Band geknüpft. Ein Band, das niemand zerreißen konnte.

Gefahr in Verzug

„Der Schlachtpreis für ein Pferd?" Gunnar Thorsteeg schaute verwundert auf seine Tochter hinunter, die vom Fuß der Leiter zu ihm hochschaute. Es war noch früh am Morgen, aber er hatte sich vorgenommen, eine Bestandsaufnahme der notwendigen Reparaturarbeiten zu machen. „Vierhundert bis sechshundert Euro. Je nach Gewicht."

Neben Wendy stand Tom, mit einem Klemmblock und einem Stift, um zu notieren, was sein Vater ihm diktierte.

„Schreib auf: circa zweihundert defekte Dachpfannen."

Tom schlief fast ein beim Schreiben und lehnte kraftlos an der Leiter.

Ihr Vater grinste hinunter zu Wendy. „Aber das können wir Oma nun wirklich nicht antun!"

Wendy schaute empört zu ihrem Vater hinauf. „Ich will doch Omas Pferde nicht schlachten lassen! Aber vierhundert Euro sind doch eigentlich ein Schnäppchen, oder?"

Ihr Vater tastete prüfend weitere Dachpfannen ab. „Wo stand denn das Schnäppchen, im Internet? Von solchen Angeboten soll man die Finger lassen. Achtung!"

Eine Dachpfanne zerbröselte förmlich unter seinen Händen und fiel hinunter. Wendy und Tom gingen in Deckung.

Tom etwas zu langsam. „Au! Mann, ich hab doch schon Kopfschmerzen!"

Wendy kicherte leise. „Immer noch?" Ihr Bruder schaute mürrisch drein. „Dabei ist die Landluft doch so gesund."

Tom verzog angeekelt das Gesicht und schaute Richtung Misthaufen. „Total, man riecht's!"

Ihr Vater kam die Leiter wieder herunter und schaute Wendy ernst an. „Von solchen Internetschnäppchen sollte man die Finger lassen", wiederholte er. „Mit den

Tieren stimmt meist was nicht. Auf sein Pferd muss man sich ... "

„... hundertprozentig verlassen können!", vollendete Wendy den Satz ihres Vaters. Sie kannte seine Prinzipien.

„Wieder Lust zu reiten?", fragte ihr Vater vorsichtig.

Schnell schüttelte Wendy den Kopf. Sie wich seinem Blick aus. Es war zu früh, um ihn einzuweihen. Außerdem konnte von Lust gar keine Rede sein. Bei der Vorstellung, wieder auf einem Pferd zu sitzen, stellte sich gleich dieses mulmige Gefühl in der Magengegend ein. Nein, es war zu früh für die Wahrheit. Sie brauchten alle noch Zeit.

Plötzlich war lautes Hufgetrappel zu hören. Als Wendy sich umdrehte, sah sie Vanessa und ihre Mutter in den Hof reiten. Ihre Pferde waren genauso auf Hochglanz poliert wie ihre teuren Reitstiefel.

Wendy verzog das Gesicht. Vanessa konnte sie jetzt gar nicht gebrauchen, sie wollte zu Dixie. Unauffällig ließ sie den Rucksack mit Futter, den sie die ganze Zeit im Arm getragen hatte, hinter ein paar Strohballen verschwinden. Was wollten die beiden hier?

Vanessas Mutter wusste sehr genau, was sie wollte.

Sie schaute sich kühl abschätzend um. Und stellte gleich mal fest, welche Gebäude abgerissen werden müssten und wo das neue Futtersilo, die Paddocks und die Führanlage aufgebaut werden sollten. Ganz so, als würde Rosenborg schon ihr gehören.

Wendy schnaubte vor Empörung. Als sie Tom zuzischte, was für eine Unverschämtheit das sei, kam keine Antwort. Tom schaute seltsam verzückt Vanessa hinterher. Wendy stöhnte. Was fanden die Jungs bloß alle an Vanessa?

Vanessa war Toms zaghaftes Winken ebenso egal wie der Hof. Toms gehauchtem „Hi, Vanessa" begegnete sie mit einem knappen, gnädigen Kopfnicken. Sie war wegen Wendy hier, genauer gesagt, um zu überprüfen, ob Wendy wirklich nicht mehr ritt.

Oma Herta sah Ulrike Imhof mit ihrem Sohn reden, pfefferte den Zinkeimer, aus dem sie eigentlich ihre Hühner füttern wollte, in die Ecke, dass es schepperte, und machte auf dem Absatz kehrt.

Wendy kam vorsichtig näher und nahm Vanessas Pferd in Augenschein. Bianca hatte recht: Tornado hatte Klasse. Das sah Wendy an den hellwachen Augen. Und Temperament hatte er auch. Er tänzelte leicht.

Offensichtlich war es zu viel Temperament für Vanessa. Sie nahm die Zügel viel zu kurz und klammerte mit den Beinen. Was nur zur Folge hatte, dass Tornado noch nervöser wurde.

Das fiel auch ihrer Mutter auf. „Gunnar, würde es dir etwas ausmachen, Tornado einmal Probe zu reiten? Vanessa bekommt ihn einfach nicht unter Kontrolle", flötete sie.

Vanessa lief rot an wie eine pflückreife Tomate. Ihrer Mutter war an einer Einschätzung von einem Profi mit internationaler Turniererfahrung wie Gunnar Thorsteeg vielleicht gelegen. Vanessa eher nicht. Das sah Wendy genau. Aber gegen ihre Mutter wagte Vanessa nicht aufzumucken.

Als Vanessa Tornado auf den kleinen Reitplatz führte, der gleich hinter den Stallungen lag, ließ sie ihren Unmut an ihm aus. Sie knuffte ihn und zerrte unnötig grob am Zügel, bevor sie ihn Wendys Vater übergab. Ulrike Imhof stand kerzengerade am Zaun und spitzte die Lippen. Ihr entging nichts. Wendy konnte die Spannung, die zwischen Mutter und Tochter lag, deutlich spüren. Für einen Moment tat Vanessa ihr leid. Aber das Mitgefühl hielt nicht lange an.

Während Wendys Vater Tornado sehr konzentriert ritt, löcherte Ulrike Imhof Wendy mit Fragen: Was sie denn von Tornado halten würde. Und ob sie nicht ein paar Tipps für die arme Vanessa habe. Die sei für jeden Rat dankbar. Vanessa sah alles andere als dankbar aus. Wendy hatte viel eher das Gefühl, dass die „arme" Vanessa sie augenblicklich durch den Fleischwolf drehen würde, wenn sie auch nur ein Sterbenswörtchen zu ihren Reitkünsten sagen würde. Daher murmelte Wendy nur so etwas wie: „Super Pferd, der Tornado. Aber bestimmt nicht einfach."

Das war des Guten schon zu viel. Als Ulrike Imhof nach dem Proberitt zu Wendys Vater ging, um mit ihm über den Hof zu sprechen, fauchte Vanessa Wendy giftig an: „Super Pferd, der Tornado, bestimmt nicht einfach! Macht's Spaß, andere Leute in die Pfanne zu hauen? Trau du dich erst mal wieder selbst aufs Pferd, du Schisser. Merk dir: Jetzt bin ich hier die Nummer eins, und ich werd's auch bleiben!" Und damit rauschte sie ab. Wendy zog eine Schnute und schickte Vanessa ein „Schluck Schnecken, du Brokkoli" hinterher. Aber das hörte Vanessa schon gar nicht mehr richtig.

Wendy atmete auf, als Ulrike Imhof die freundliche Einladung ihrer Mutter ausschlug, zum Mittagessen zu bleiben. Aber dann rutschte Heike Thorsteeg zum Abschied noch heraus, wie großartig sie es fände, dass die Mädchen jeden Tag zusammen am See waren. Und wie sehr sie sich darüber freue, dass Wendy wieder so schnell Anschluss gefunden habe.

Vanessa lächelte zuckersüß und flötete, wie sehr sie sich ihrerseits darüber freue. Nur der Blick, den sie Wendy dabei zuwarf, verhieß nichts Gutes. Und ihr „Dann bis später am See" klang eher wie eine Kampfansage.

Nach dem Mittagessen schlich Wendy vorsichtiger als sonst in den Wald. Das Letzte, was sie gebrauchen konnte, war, dass Vanessa ihr Geheimnis entdeckte. Alle paar Meter schaute sie sich um, ob sie beobachtet wurde oder ob ihr jemand heimlich folgte. Knackte da nicht ein Ast? Aber außer einem Kaninchen, das mindestens ebenso erschrocken schaute wie Wendy, war niemand zu entdecken.

Wendy beruhigte sich erst wieder in Dixies Nähe. Auch die Sorge um Rosenborg war schlagartig vergessen. Jetzt gab es nur noch sie beide. Und da sich im Wald nichts regte und von Vanessa weit und breit nichts zu sehen war, beschloss Wendy, einen Ausflug zu machen. Raus aus der Scheune und zum nahen Fluss. Das hatte außerdem den Vorteil, dass sie nicht ganz so viel Wasser heranschleppen musste. Die Zinkwanne war nämlich schon wieder fast leer.

Dixie folgte ihr wie ein Hund, während sie gemütlich durch den Wald spazieren gingen. Allmählich entwickelte sich zwischen den beiden ein Fangenspiel. Bis Wendy sich erschöpft auf die Wiese am Fluss plumpsen ließ.

Es war heiß, und das Wasser glitzerte verführerisch. Das schien auch Dixie zu finden, denn er steuerte zielstrebig auf den Fluss zu.

Wendy sprang auf. „He, hiergeblieben." Aber Dixie ignorierte sie. Wendy folgte dem Schecken „Nicht saufen, willst du 'ne Kolik kriegen?" Wendy wusste, wie gefährlich es werden konnte, wenn man einem erhitzten Pferd erlaubte, jede Menge eiskaltes Wasser zu trinken. Doch Dixie stapfte mit den Vorderhufen ins Wasser und fing an zu trinken. Der Fluss war hier nicht tief. Wendy folgte ihm und versuchte, ihn zurückzuziehen.

Aber wenn Dixie etwas wollte, dann wollte er es. Und jetzt wollte er saufen. Wendy ging noch ein bisschen weiter in den Fluss hinein und versuchte, Dixies Kopf aus dem Wasser zu ziehen. Es gurgelte schon verdächtig in Dixies Bauch, wie in einem leeren Kanister. Und ehe Wendy sichs versah, war es geschehen: Sie rutschte auf den glitschigen Steinen aus, verlor den Halt und landete rücklings im Wasser.

Die Strömung zog Wendy schnell in tieferes Wasser. Wendy bekam Panik. Und dann verfing sich auch noch ihre Beinschiene in irgendetwas. Sie begann, um sich zu schlagen. Ging kurz unter, fühlte glitschige Schlingpflanzen. Doch schließlich bekam sie noch etwas anderes zu fassen: Haare! Kräftiges, dichtes Pferdehaar. Wendy griff zu. Es gab einen Ruck, und sie sah wieder Sonnenlicht. Ihr Bein war frei, und direkt neben ihr stand Dixie, der nun mit Wendy im Schlepptau in aller Seelenruhe zurück ans Ufer und auf die Wiese trottete. Wendy ließ die Mähne los und plumpste ins Gras.

Während Dixie zu fressen begann, ärgerte sich Wendy über sich selbst. Vanessa hatte recht: Sie war ein Schisser. Der Fluss war weder besonders tief, noch war die Strömung besonders stark. Darin konnte ein Kleinkind schwimmen.

Dixie knabberte sanft an ihrem Ohr, als wollte er

sagen: Kopf hoch. Mach dir mal keinen Stress, ich bin ja auch noch da.

Wendy schmiegte ihr Gesicht an Dixies. Ja, vielleicht war es so: Wenn Dixie da war, genügte es, halb so mutig zu sein.

Wendy streckte sich auf der Wiese aus und schaute in den tiefblauen, wolkenlosen Sommerhimmel. Doch, sie konnte mutig sein. Für Dixie konnte sie mutig sein. Von diesem Moment an wusste sie, dass sie für Dixie kämpfen würde, komme, was wolle.

Im Wald war es kühler als auf der sonnenbeschienenen Wiese. Und dunkler. Bianca war es nicht ganz geheuer. Sie zog ihre dünne Strickjacke fester um sich. Darunter trug sie nur ihren Badeanzug. „Ich müsste dann auch mal langsam nach Hause. Es ist schon nach fünf", jammerte sie.

Vanessa ignorierte Biancas Bitten. Sie ging einfach weiter und suchte dabei konzentriert den Waldboden ab.

„Was suchen wir hier überhaupt?", quengelte Bianca.

Vanessa antwortete, ohne den Blick vom Boden zu wenden: „Also, nur für den Fall, dass du mich NICHT angelogen hast, Bianca ... "

Bianca beteuerte sofort ihre Unschuld: „Ne, ehrlich, ich schwör's. Es ist, wie ich sage. Ich war nicht ohne dich schwimmen. Und mit Wendy schon gar nicht, und die anderen auch nicht, und –"

„Ist ja gut!" Vanessa hasste es, wenn Bianca so leicht einknickte. Das nervte sie noch mehr als Widerspruch. „Ich glaube dir ja. Aber dann ist was faul."

Bianca versuchte noch einmal zaghaft, Vanessa umzustimmen: „Was hast du denn immer gegen Wendy?"

„Ich habe ihren Badeanzug auf der Leine gesehen und die nassen Badehandtücher. Wenn du nicht lügst, dann lügt Wendy!"

Bianca schluckte: „Also, ich lüge nicht. Aber was suchen wir überhaupt?"

„Da!"

Bianca zuckte bei Vanessas Ausruf zusammen. Dann sah sie es auch: Hufspuren und Pferdeäpfel. Na ja, das konnte ja irgendjemand gewesen sein, wagte Bianca einzuwenden.

Vanessa wusste es besser: Hier ritt niemand lang. Der Wald lag viel zu nah am Moor. Der ideale Ort, um etwas zu verstecken. Für heute hatte Vanessa genug gesehen. Es war Zeit umzukehren. Aber sie würde wiederkommen.

Wendy ahnte von alledem nichts, als sie sich auf den Nachhauseweg machte. Sie machte sich Gedanken darüber, wie sie ihrem Vater die Sache mit Dixie verklickern konnte, ohne dass er ausflippte. Immerhin hatte sie ein Pferd gestohlen.

Auf Rosenborg angekommen, fing sie als Erstes ihren Bruder Tom ab. Sie brauchte dringend einen Rat. Wendy zog ihn mit sich in eine stille Ecke. „Tom ... wenn du etwas getan hättest, was, sagen wir, nicht ganz legal wäre. Von dem du wüsstest, dass Mama und Papa es tendenziell richtig scheiße finden. Aber du musstest es tun. Du konntest nicht anders. Es war wie ein innerer Zwang. Absolut notwendig ...!" Wendy brauchte mal wieder etwas länger, um zum Wesentlichen zu kommen, ohne zu viel zu verraten.

Tom riss die Augen auf. „Ey, Zwerg, nimmst du Drogen?"

Wendy verdrehte die Augen. „Nein, natürlich nicht."

Tom sah enttäuscht aus. Wendy wiederholte ihre Frage. Tom dachte angestrengt nach und kam dann zu dem brillanten Schluss, dass ein Mann grundsätzlich tun musste, was ein Mann tun musste. Oder so ähnlich. Ihr Bruder war ihr mal wieder eine Bombenhilfe!

In dieser Nacht tröstete Wendy sich, indem sie an einem Haarbüschel von Dixie schnupperte und damit einschlief. Morgen ... morgen würde sie ihren Eltern reinen Wein einschenken ... oder übermorgen. Ganz sicher überübermorgen ... und alles würde gut werden. Ganz sicher.

Hätte sie geahnt, was zur gleichen Zeit im Wohnzimmer passierte, hätte sie sicher nicht so ruhig schlafen können. Sehr leise, bei verschlossener Tür und im Schein von Taschenlampen, hatten ihre Eltern Oma Hertas alten Sekretär geöffnet und eine geschätzte halbe Tonne loser Papiere und ungeöffneter Briefe vor sich ausgebreitet. Ihre Mutter bemühte sich mit Kennerblick, durch die chaotische Buchführung ihrer Schwiegermutter durchzusteigen. Ihr Vater hatte bereits aufgegeben.

Heike Thorsteeg wirkte immer angespannter. Es sah nicht gut aus. Das Geld war nicht nur knapp, wie Oma Herta standhaft behauptete, Rosenborg war verschuldet. Ulrike Imhof hatte recht gehabt. Wendys Mutter fand jede Menge nicht bezahlte Rechnungen und Mahnungen. Leise und konzentriert flüsterten Wendys Eltern miteinander. Anscheinend war es wirklich das Beste, den Hof zu verkaufen. Aber wohin dann mit Oma? In ihrer Vier-Zimmer-Wohnung in München war kein Platz, so

viel war sicher. Und wie sollten sie Oma Herta klarma-
chen, dass der Hof so nicht zu halten war?

Während sie noch diskutierten, wurde die Tür auf-
gestoßen. Heike Thorsteeg schrie leise auf. Aber es war
nur „Schwein", das hereinkam und sich zufrieden auf
den Briefen niederließ. Wendys Mutter war „Schwein"
nach wie vor etwas unheimlich. „Gunnar ...!"

Gunnar Thorsteeg kraulte dem Schwein nachdenklich
den Bauch. „Es liebt dich. Das ist ein Vertrauensbeweis.
Es ist wie ein Hund, absolut stubenrein." Heike Thorsteeg schnupperte zaghaft Richtung Schwein. „Aber es
riecht nicht wie ein Hund!"

Alles auf eine Karte

Am nächsten Tag war Wendy schon früh mit gepacktem Rucksack auf dem Weg zu Dixie. Die Sonne warf golden-grüne Lichtpunkte durch das Blattwerk. Wendy pfiff vergnügt vor sich hin.

Plötzlich hörte sie Stimmen.

Sofort ging sie in Deckung. In einiger Entfernung kamen Vanessa, Bianca und Merle vorbei. Merle hatte ein großes Wollknäuel bei sich und wickelte es hinter sich ab.

Vanessa war schon ganz genervt. „Merle, was soll denn der Blödsinn? Du wirst dich verheddern. Oder noch schlimmer, Wendy sieht die Schnur und ist gewarnt."

Als sie ihren Namen hörte, kroch Wendy vorsichtig, immer um Deckung bemüht, durch das Unterholz näher.

Merle maulte: „Aber wenn deine Kompass-App nicht funktioniert, finden wir nicht wieder nach Hause, und da hinten fängt das Moor an."

Bianca verstand auch nicht, warum Vanessa glaubte, dass Wendy ein Pferd in der Nähe des Moors versteckt hielt.

Vanessa fühlte sich mal wieder von Idioten umzingelt. „Bianca, dein Vater ist Polizist. Jetzt streng dich mal an und sei einmal clever."

Merle war schneller und schnipste mit dem Finger wie in der Schule. „Sie hat es geklaut."

„Aber die haben doch genug Pferde auf Rosenborg", wandte Bianca ein.

„Die haben den letzten Ramsch auf Rosenborg!", wusste Vanessa.

„Und du meinst, Wendy hat ein voll super Turnierpferd gestohlen, damit sie dich beim Juniorturnier schlagen kann?", fragte Merle eifrig.

Sehr, sehr langsam drehte sich Vanessa zu Merle um. Ihre Stimme war gefährlich sanft, als sie Merle durchdringend anblickte und sagte: „Merle-Honey, ich gebe dir genau dreißig Sekunden, um dir zu überlegen, ob du das wirklich sagen möchtest."

Merle schluckte. Wenn Vanessa anfing, englische Wörter zu benutzen, war das kein gutes Zeichen. Sie schaute Bianca hilfesuchend an.

Bianca rettete sie: „Wendy kann dich gar nicht schlagen, weil du die Beste bist."

Merle nickte eifrig.

Vanessa schien fürs Erste besänftigt.

Jetzt begriff Wendy in ihrem Versteck, was Vanessas große Angst war. Na klar, das Turnier, das auf St. Georg abgehalten wurde. Das musste Vanessa gewinnen. Anderenfalls würde ihre Mutter sie wahrscheinlich lebendig im Keller einmauern.

Wendy hatte genug gehört und kroch vorsichtig rückwärts. Als sie außer Hörweite war, rannte sie, so schnell es ihre Beinschiene erlaubte, zur alten Scheune.

Atemlos riss sie das Tor auf. Dixie schaute ganz erstaunt. Was war los mit ihrem Menschen? Warum die Hektik? „Wir müssen weg, schnell!", rief Wendy. „Vanessa kommt. Wenn die dich findet …!"

Sekunden später schlug Wendy sich durch die Büsche. Dixie folgte brav. Immer wieder blieb er stehen, um sich ein paar zarte Blättchen zu schnappen.

Wendy schimpfte: „Deine Verfressenheit wird dich

noch mal umbringen." Sie packte Dixie an der Stirnlocke und wollte ihn weiterziehen.

Dixie schnaubte laut und empört und schüttelte den Kopf.

Wendy ließ Dixies Stirnlocke los und wurde blass. Direkt vor ihnen auf dem Weg waren Vanessa, Merle und Bianca.

Vanessa hatte weitere Pferdeäpfel entdeckt und folgte ihnen wie ein Spürhund. Jetzt hob sie den Kopf und lauschte. „War da was?"

Wendy hielt sich reflexartig den Mund zu und Dixie die Nüstern. Zum Glück waren die Büsche hier sehr dicht. Wendy wagte kaum zu atmen.

Dixie stieß ein kehliges Wiehern aus.

Das mussten auch die anderen Mädchen gehört haben. Vanessas Kopf fuhr herum. Sie starrte auf die Büsche, hinter denen sich Wendy und Dixie befanden. Ihre Hand griff schon nach den Zweigen, um sie auseinanderzuschieben.

„BOAAAUUUGHHH", entfuhr es Bianca.

Der Megarülpser ließ Vanessa herumfahren. Es schüttelte sie vor Ekel. „Bianca", kreischte sie, „du bist so ein Abtörngirl."

Bianca guckte ganz verlegen und lief rot an. „Tschuldigung. Spiegeleier zum Frühstück, die liegen mir immer so schwer im Magen. Zu viel Fett."

Vanessa schaute angewidert. „Das ist so was von ekelhaft." Sie ging kopfschüttelnd weiter. „Und das nennst du Diät? Kein Wunder, dass du so fett bist."

Die drei setzten ihren Weg fort.

Wendy hätte schwören können, dass Bianca, bevor sie Vanessa folgte, genau in ihre Richtung geschaut hatte. Hatte sie sie etwa gesehen? Hatte sie das absichtlich gemacht?

Wendy hatte nicht viel Zeit, sich zu wundern. Sie musste weiter. Nach Rosenborg. Eine andere Möglichkeit gab es nicht. Sie hatte noch keine Ahnung, wie sie ihrem Vater alles erklären sollte, aber das war jetzt egal. Jetzt mussten sie weg aus dem Wald, über die Felder, die zwischen ihnen und Rosenborg lagen. Und genau da lag das Problem. Auf den Feldern gab es überhaupt keine Deckung. Und Wendy war mit ihrer Beinschiene langsam.

Als sie den Waldrand erreichten, atmete Wendy entschlossen durch. „Okay, Dixie … Komm her." Wendy bugsierte Dixie zu einem großen Stein.

Tu es nicht. Du wirst fallen!

Lange hatte sie sie nicht mehr gehört, aber da war sie auf einmal wieder, die Angst. Immer dann, wenn sie sie am wenigsten gebrauchen konnte.

„Halt die Klappe!", fluchte Wendy.

Sie atmete tief durch und versuchte, sich zu konzentrieren. Es musste sein. Auch wenn sich ihr Magen zusammenzog und ihre Beine sich plötzlich anfühlten, als wären sie aus Pudding.

Auf den Stein steigen. Okay, das ging einigermaßen, obwohl das Bein mit der Schiene etwas wacklig war. Eine Hand in die Mähne, das Bein über die Kruppe schwingen ... Der Stein wackelte nur ein ganz klein wenig, aber Wendy verlor das Gleichgewicht, knickte um und fiel beinahe hin. Sie versuchte es einmal, zweimal ... Es ging nicht. Sie hatte einfach zu viel Angst.

Hab ich's dir nicht gesagt? Es wird niemals funktionieren.

Wendy spürte einen Kloß im Hals und wandte sich ab. Jetzt bloß nicht heulen. Sie schluckte und schaute zum Waldrand. Es konnte nicht mehr lange dauern, bis Vanessa auftauchen würde. Sie hatte versagt, jämmerlich versagt.

Da hörte sie ein Schnauben.

Sie drehte sich um. Dixie hatte sich hingelegt.

Als wäre es das Selbstverständlichste von der Welt, schaute er Wendy an und knabberte an ein paar Grashalmen.

Wendy schluckte. Sie hörte Stimmen aus dem Wald näher kommen.

Jetzt oder nie.

Wendy nahm allen Mut zusammen, schwang ein Bein über den Pferderücken und griff in die Mähne.

„Dixie, lauf!"

Das ließ sich Dixie nicht zweimal sagen. Kaum dass Wendy Kontakt mit Dixies Rücken hatte, kam dieser mit einem gewaltigen Ruck auf die Beine. Fast hätte das Wendy wieder das Gleichgewicht gekostet. Zum Glück funktionierten Wendys Reiterinstinkte noch. Knieschluss, Gewichtsverlagerung. Wendy saß wie angeklebt, auch ohne Sattel.

Dixie trabte los. Wendy hielt den Atem an. Nein, falsch, nicht verkrampfen. Locker lassen. Dem Rhythmus folgen. Vertrauen.

Dixie wurde immer schneller und fiel in Galopp. Weich fließende Bewegungen, wie Wellen. Kraftvoll. Ruhig.

Sicher. Wendy löste die Hände. Sie und Dixie waren eins. Sie warf einen kurzen Blick hinter sich.

Der Waldsaum wurde immer kleiner. Sie ritten, nein, sie flogen auf Rosenborg zu. Durch das strahlend gelbe Rapsfeld, direkt in den Himmel.

Völlig außer Atem und komplett überdreht ließ Wendy sich hinter der Scheune vom Pferd gleiten und ins Gras plumpsen. „Keine Angst, mir geht's gut", sagte sie zu Dixie. „Alles in Ordnung. Kein Grund zur Beunruhigung. Das war ... Oh, mein Gott, das war ... du warst ... Wahnsinn."

Wendy sprang gleich wieder auf und schlang ihre Arme überschwänglich um Dixies Hals. So blieb sie einen Moment stehen. Konnte das wahr sein? War das wirklich kein Traum? War sie wirklich geritten? Einfach so?!

Dixie nahm das alles sehr gelassen hin. Wenn es nach ihm ginge, könnte man das öfter machen. Ohne einen Sattel, der ihm die Luft abdrückte, ohne eine Trense, die ihm im Maul zerrte. Ohne Stöcke und all die anderen Dinge, die er so hasste.

Wendy sprudelte über: „Jetzt wird alles gut. Jetzt muss ich dich nur noch meinem Vater zeigen. Wenn er sieht, dass ich wieder reite, behält er dich sicher. Ich muss einen günstigen Moment erwischen. Wenn er gute Laune hat", erklärte sie Dixie. „Vielleicht nicht unbedingt gleich heute. Heute hatte er einen Banktermin wegen der Sache mit dem Hof."

Vorsichtig lugte Wendy um die Ecke der Scheune. Der Hof war leer. „Du kommst erst mal in den Stall, damit dich niemand sieht."

Schnell schlich Wendy mit Dixie über den Hof. Vorbei an der alten Remise. Die war nach vorn hin offen, sodass man freien Blick auf all die Schätze hatte, von denen sich Wendys Oma nicht trennen konnte. Dort standen Opa Gerhardts Motorrad, einige ausrangierte Möbel, ein kaputter Trecker und lauter andere wertvolle Sachen.

Sie hatten den Stall fast erreicht, als der Wagen von Wendys Vater um die Ecke bog und vor dem Wohnhaus hielt.

Panik! Ganz zappelig hüpfte Wendy auf der Stelle. Dixie spitzte die Ohren.

Wohin mit Dixie? Hektisch schaute Wendy sich um.

Ihr Vater stieg aus. Den Blick hatte er zum Glück auf einen Stapel Papiere gerichtet, die er in der Hand hielt und die ziemlich offiziell aussahen.

„Schnell da rein." Wendy bugsierte Dixie in die

Remise. Hinter den Schrank. „Und jetzt bloß keinen Mucks."

Prompt musste Dixie laut husten. Entschuldigend guckte er hinter dem Schrank hervor. Es war staubig in der Remise.

Wendy lehnte sich unauffällig an den Schrank. Ihr Vater ging gedankenverloren vorbei und murmelte, ohne aufzuschauen: „Na, Spatz, alles in Ordnung?"

„Ja, sicher, super, alles bestens, alles prima, geradezu toll."

Wendys Vater schaute auf. „Du strahlst ja so."

„Iiich?" Wendys Stimme war mindestens eine Oktave höher als üblich. „Nein, ich strahle nicht. Das ist die Sonne. Alles wie immer. Alles normal."

Hinterm Schrank fing Dixie an, ungeduldig dagegenzutreten.

Wendy gab dem Schrank einen unauffälligen Schubs. Ihr Vater runzelte die Stirn. „Wirklich alles okay mit dir?"

Wendy lächelte strahlend und fluchte innerlich. „Natürlich!"

„Was machst du da?"

„Ach nix." Konnte er jetzt bitte einfach gehen!

Das tat er, wenn auch stirnrunzelnd. Er drehte ab.

Leider nicht schnell genug, denn in diesem Moment kam Dixie mit dem Kopf durch den Schrank, der anscheinend keine Rückwand mehr hatte. Wendys Vater erschrak, als die oberen Schranktüren aufflogen und ein Pferdekopf herausschaute. Dixie sah verwegen aus. Ihm hingen Opa Gerhardts alte lange Unterhosen um die Ohren. Er wieherte freundlich.

„Was ... was ist das denn?", fragte Wendys Vater.

Okay, da half jetzt nur noch die Flucht nach vorn.

„Das ist Dixie. Mein Pferd!"

„Wie, DEIN Pferd?"

Völlig entgeistert starrte ihr Vater abwechselnd das Pferd mit den langen Unterhosen um den Ohren und seine Tochter an.

„Es ... also, es ist mir zugelaufen. Ich habe es gerettet. Es ist misshandelt worden. Es war verletzt und halb verhungert. Du hast selbst mal gesagt, wer ein Tier schlecht behandelt, verdient es nicht!" Puh, jetzt war es raus.

Gunnar Thorsteeg schaute seine Tochter an. „Du hast es dir einfach genommen?"

Wendy schüttelte heftig den Kopf. „Nein, eigentlich

war es andersherum. Er hat mich ausgesucht. Er gehört niemandem. Niemand will ihn haben."

„Das bringst du zurück. Jedes Pferd gehört irgendwem." Gunnar Thorsteeg konnte nur den Kopf schütteln.

„Ich reite wieder!"

Nun hatte ihr Vater doch sichtbare Probleme mit der Informationsverarbeitung.

„Aber nur auf Dixie", ergänzte Wendy vorsichtshalber.

Und weil ihr nun wirklich die Argumente ausgingen, nahm Wendy einfach ihre Beinschiene ab und reichte sie ihrem Vater.

Wenn das jetzt nicht half, dann wusste sie auch nicht weiter.

Es half.

Ihr Vater schaute auf die Beinschiene, auf seine Tochter, auf das Pferd und, ja, auf die Unterhosen. Dann fing er sich.

„Vorreiten in fünfzehn Minuten auf dem Reitplatz. Mit Helm UND Sattel!"

„Geht klar, Chef!"

Wendy stand stramm und strahlte. Geschafft! Der Rest würde ein Kinderspiel. So viel war sicher.

Auftrensen, aufsatteln, Hufe auskratzen. Die Handgriffe saßen alle noch. Als wäre nie etwas gewesen, bereitete Wendy Dixie auf seinen großen Auftritt vor.

Oma Herta hatte tatsächlich einen passenden Sattel gefunden. Jetzt stand sie neben Wendy und klopfte Dixie anerkennend den Hals: „Na, ist ja allerhand, inzwischen findet man schon ganze Pferde im See beim Schwimmen."

Wendy guckte schuldbewusst, aber nur kurz.

Oma Herta wuschelte ihrer Enkelin durch die Haare und setzte ihr den Helm auf. „Na dann: Hals und ..." Das „Beinbruch" verbiss sie sich doch lieber und korrigierte: „Dann werde ich mal feste Daumen drücken." Damit verschwand sie Richtung Reitplatz.

Wendy zwinkerte Dixie vergnügt zu und kraulte seinen Widerrist. Da, wo Pferde sich gegenseitig besonders gern knabbern. Dixie war die Ruhe selbst. Eher um sich Mut zu machen, sagte Wendy zu ihm: „Du wirst sehen, alles wird gut. Nach dem Vorreiten behält Papa dich todsicher. Dann kaufen wir dich dem fiesen Metzger ab."

Ja, das schien Dixie zu überzeugen, er schaute Wendy auffordernd an.

Wendys Mutter stand derweil mit deren Vater und Tom am Reitplatz und knautschte die Beinschiene in ihrer Hand. „Sie hat sie abgenommen? Einfach so?" Heike Thorsteeg schaute ihre Familie an. „Wieso verpasse ich eigentlich immer alles?"

Tom grinste nur. „Du arbeitest zu viel." Er trommelte mit Sticks auf den hölzernen Zaun ein, der den Reitplatz umgab.

Trotz ihrer Freude wirkte Wendys Mutter besorgt. „Was ist denn das überhaupt für ein Pferd?"

Gunnar Thorsteeg legte seiner Frau beschwichtigend den Arm um die Schulter. „Wendy sagt, es ist lammfromm, und es heißt Dixie."

Tom verzog das Gesicht zu einem breiten Grinsen. „Preisfrage, Leute: Wieso nennt man ein Pferd wie ein transportables Klo? – Weil es in der Sonne stinkt."

Ausnahmsweise kassierte Tom für diese respektlose Bemerkung keine Kopfnuss. Die ganze Aufmerksamkeit seines Vaters war auf die Reitbahn gerichtet. „Sie kommen!"

Wendy war nervös. Aber nicht mehr als vor einem ihrer Turniere. In der Magengegend konnte sie ein aufgeregtes Kribbeln spüren. Das war allerdings kein Vergleich mit der Stimme. Hey, wo war die überhaupt? Die war sie wohl los.

Wendy ritt sicher auf das Tor zu. „Tor frei?"

Ihr Vater antwortete: „Tor ist frei."

Das Tor mochte ja vielleicht frei sein, aber für Dixie war es offenbar nicht frei genug. Er scheute leicht und tänzelte rückwärts. Wendy blieb ganz ruhig. Dieses Verhalten kannte sie schon. Sie wendete Dixie auf der Hinterhand und ritt rückwärts in die Reitbahn.

Ihr Vater kniff verwundert die Augen zusammen, das war nicht unbedingt die feine englische Art. Wendys Mutter packte ganz aufgeregt seinen Arm. „Oh, guck mal, das ist viel schwieriger als vorwärts, oder?

Gunnar Thorsteeg musste lächeln. Nun war er schon fünfzehn Jahre mit Heike verheiratet, und seine Frau hatte immer noch keine Ahnung vom Reiten. Er räusperte sich. „Ja, doch, kann man so sagen ...!"

Heike Thorsteeg war schrecklich stolz auf ihre Tochter. Wendys Vater schaute eher skeptisch. Ihm war Dixies leichtes Scheuen nicht entgangen.

Doch seine Skepsis verflog. Nach der ersten Runde im Schritt trabte Wendy an und absolvierte ein paar Bahnfiguren. Dixie ging vorbildlich am Zügel. Außerhalb der

Bahn legte sich die Anspannung. Wendys Mutter hüpfte vor Begeisterung auf der Stelle wie ein Flummi. Oma Herta warf begeistert die Arme in die Höhe. Alle waren ganz aus dem Häuschen und klatschten Beifall.

Wendy atmete auf. Ein unglaubliches Glücksgefühl durchströmte sie.

Zu früh.

Plötzlich ging mit Dixie eine Verwandlung vor sich. Wendy merkte es augenblicklich. Sie konnte keinen Kontakt mehr zu ihm aufbauen. Dixie stieg wie ein Rodeopferd und galoppierte aus dem Stand los. Wie ferngesteuert ignorierte er alles, was seine Reiterin unternahm. Er begann, sich wie verrückt um die eigene Achse zu drehen, stieg wieder, drehte sich auf den Hinterbeinen. Nur mit Mühe konnte Wendy sich überhaupt im Sattel halten. Es war grauenhaft, als säße man auf einer wild gewordenen Lokomotive, nicht auf einem Pferd.

Wendys Mutter schlug die Hände vors Gesicht. Oma Herta hielt erschrocken inne. Mit einem Satz war Wendys Vater über die Absperrung gesprungen und in der Bahn. Er brüllte: „Parade, Wendy, Parade!"

Als ob sie das nicht die ganze Zeit versuchte. Aber man hätte Dixie auch einen nassen Sack auf den Rücken schnallen können. Seine Reiterin existierte für ihn nicht mehr. Wendy blieb nur eine Möglichkeit: abspringen! Und zwar aus voller Fahrt. Sie schloss die Augen, schwang ein Bein über das Pferd und stieß sich kräftig ab, um nicht unter die Hufe zu geraten.

Hart schlug sie auf den Boden auf. Um sich abzurollen, war sie viel zu schockiert. Sie blieb liegen. Fassungslos. Wie versteinert. In all ihren Jahren als Reiterin hatte sie so etwas noch nicht erlebt.

Noch benommen spürte sie, wie sie jemand auf die Beine zog und abtastete. Es war ihr Vater. „Bist du verletzt? Tut dir was weh? Kannst du atmen? Was ist mit deinem Bein?"

Wendy war unfähig, eine Antwort zu geben. Konnte auf die Fragen nur stumm nicken oder den Kopf schütteln. Ihr Blick suchte Dixie, der immer noch wild buckelnd durch die Bahn lief und in diesem Moment beinahe Oma Herta trat, die ihn stoppen wollte.

„Mutter, nicht!" Gunnar Thorsteegs Stimme füllte den gesamten Reitplatz aus. „Keiner fasst mir dieses verrückte Pferd an."

Verrücktes Pferd.

Wendy wusste, was das bedeutete. Ihre Augen füllten

sich mit Tränen. Wie durch einen Schleier sah sie zu, wie ihr Vater Dixie schließlich in eine Ecke trieb und ihn so zum Stehen brachte. Verrücktes Pferd.

„Ich trete in den Hungerstreik, wenn ihr ihn abgebt. Er ist kein schlechtes Pferd." Wendy hatte die Arme um Dixies Hals geschlungen und schluchzte in seine Mähne.

Etwas hilflos standen ihre Eltern und Oma Herta vor der Box im Stall. Dixie war wieder die Ruhe selbst, als wäre nichts geschehen.

Wendy vergrub ihr Gesicht in Dixies Mähne. Sie wollte nichts mehr davon hören, wie gefährlich das eben gewesen war und wie erschrocken alle waren. Und schon gar nicht, was sie von Dixie hielten. Aus den Augenwinkeln sah sie, wie ihr Vater Oma Herta auffordernd anschaute.

Oma Herta wollte Wendy gern helfen, aber auch sie wirkte noch sehr mitgenommen und erschrocken von dem, was sie mit angesehen hatte. Heike Thorsteeg hatte den Arm um Tom gelegt. Sie brauchte Halt, das sah man. Um die Nasenspitze war sie verdächtig blass.

Oma Herta löste Wendy ganz vorsichtig von Dixie und

Dixie wartet auf Rettung.

Mit dem Trecker geht's nach Rosenborg.

Wendys altes Zimmer weckt Erinnerungen.

Mit ihrer Oma versteht Wendy sich am besten.

Wendy nimmt Abschied von ihrem Opa.

Das war knapp! Beinahe wäre Wendy ertrunken.

Vanessa schwört Rache.

Die ganze Nacht wartet Dixie auf Wendy.

Wendy hat es eilig.

Handy-Empfang gibt's nur auf dem Misthaufen.

„Schwein" will auf Heikes Schoß.

Kann ich dir trauen?

Soll Wendy es wirklich wagen und auf Dixie reiten?

Wendys Vater staunt. Was macht das Pferd im Schrank?

Applaus für Wendy und Dixie.

Ausgerechnet beim Vorreiten dreht Dixie durch.

Nach dem verpatzten Vorreiten sucht Wendy Trost bei Dixie.

Oma Herta gibt Vollgas.

Was stimmt nur nicht mit Dixie?

Tatsächlich! Dixie ist ein Zirkuspferd.

Wendy beschwört Dixie: Sie müssen ihren Vater überzeugen,
dass er nicht gefährlich ist.

Aufgepasst! Wendy spielt mit Dixie.

Toms erster Reitversuch.

Dixie nimmt Kurs auf Rosenborg.

Was macht Dixie unter Oma Hertas Bettlaken?

Tornado geht durch!

Verfolgungsjagd ins Moor.

„Dixie holt uns hier raus." Wendy macht Vanessa Mut.

Zurück aus dem Moor.

Dixie hat die Kinder aus dem Moor gerettet.
Zur Belohnung gibt`s Leckerchen ... in Oma Hertas Küche.

Freunde für immer!

Ende gut, alles gut. Wendy und Dixie reiten mit ihren Freunden
einem wundervollen Sommer entgegen.

setzte sich mit ihr auf einen Heuballen. „Schau mal, Kätzchen. Dein Dixie ist bestimmt kein böses Pferd."

„Sag ich ja!" Wendy schaute ihren Vater trotzig an und wischte sich die Tränen aus den Augen.

Oma Herta fuhr behutsam fort: „Kein Pferd ist böse. Aber du hast selbst vorhin gesagt, wie schlecht er behandelt worden ist. Manch ein Pferd nimmt dadurch so schwer Schaden, dass man ihm nicht mehr vertrauen kann. Es bleibt immer unzuverlässig."

Gunnar Thorsteeg nickte seiner Mutter dankbar zu. „Und das macht es leider gefährlich. Wendy, es tut mir leid."

In Wendy rebellierte alles. „So ist er nicht. Du kennst ihn nicht. Papa! Gib ihm eine Chance. Vielleicht habe ich irgendetwas falsch gemacht. Ich bin aus der Übung. Nur eine, BITTE!"

Gunnar Thorsteeg schaute seufzend in das tränenfeuchte Gesicht seiner Tochter. Er war ja kein Unmensch. Im Gegenteil. Er nahm Dixies Zügel. „Na gut, eine Chance gebe ich ihm noch."

Und wieder standen alle an der Reitbahn.

Die Sonne ging schon langsam unter. Die Bäume

warfen lange Schatten. Wendy konnte gar nicht hinsehen, wie ihr Vater Dixie in die Bahn führte. Ihre Mutter legte den Arm um sie. Wendy spürte es kaum. Sie hatte nur Augen für Dixie. Ihr Vater stellte sich die Steigbügel auf die richtige Länge und sprach beruhigend auf Dixie ein.

Tom sah, wie Wendy nervös auf ihrer Unterlippe kaute. Er wollte seine kleine Schwester aufmuntern. „Das Publikum hält den Atem an. Die Spannung steigt", raunte er leise, wie der Kommentator bei einem Turnier. Dazu vollführte er einen dramatischen Trommelwirbel mit seinen Sticks. Wendy hörte es kaum.

In der Reitbahn spielten Dixies Ohren.

Wendys Vater setzte zum Aufsteigen an. Er hatte die Zügel schon gegriffen, den Fuß im Steigbügel ... da fiel Dixie plötzlich um. Kippte einfach unter ihm zur Seite weg. Als hätte man den Stecker gezogen. Gunnar Thorsteeg stand da, die Zügel in der Hand. Es war offensichtlich, dass dieses Verhalten sein reiterliches Verständnis von Pferden komplett überstieg. Dixie lag zu seinen Füßen wie erschossen.

Wendy schloss die Augen. „Oh, Dixie ...!"

Tock. Tock. Tock. Dixies hölzerne Namensgeberin schaukelte bedächtig hin und her und stieß dabei gegen Wendys Bett. Wendy lag apathisch in ihren total zerwühlten Kissen und starrte wie hypnotisiert auf das Holzpferd. Das konnte nur ein dummer, absurder Traum sein.

„Unberechenbar – gefährlich – unreitbar", hatte ihr Vater gesagt. Er stellte klare Anforderungen an ein Pferd. Dixie erfüllte keine davon. Aber auch wenn Wendy geweint, getobt und schließlich sogar gebettelt hatte: Innerlich musste sie sich eingestehen, dass der Moment in der Reitbahn unheimlich gewesen war. Dass er ihr Angst gemacht hatte. Da war etwas passiert, das sie nicht verstehen konnte. Etwas, das all ihre Hoffnungen zunichtegemacht hatte.

Ihr Vater hatte, um dem Drama ein Ende zu setzen, wie er es nannte, beschlossen, Dixies Besitzer ausfindig zu machen und ihn zurückzugeben.

Wendy hatte geschwiegen. Was hätte es auch genützt, zu erklären, dass das Dixies Todesurteil sein würde. Ihr Vater hatte versucht, sie zu trösten. Ihr sogar angeboten, ein neues Pferd zu kaufen. Aber sie wollte kein Turnierpferd von St. Georg. Sie wollte nur Dixie. Mühsam richtete Wendy sich auf. Packte ihr Bettzeug und steuerte auf die Tür zu. Es fühlte sich an, als würde sie durch Watte waten.

Im Stall war es ganz still. Wendy schleifte ihr Bettzeug durch den Dreck und öffnete Dixies Box. Dixie lag ausgestreckt darin. Kein Wunder, es war ein aufregender Tag gewesen. Wendy packte ihr Bettzeug neben Dixie ins Stroh und legte ihren Kopf auf Dixies Hals. Sie war zu müde, um eine Lösung zu finden. Morgen würde ihr etwas einfallen, wie sie ihren Vater doch noch überzeugen konnte. Morgen.

Eine überraschende Wendung

Die Sonne schien es nicht eilig zu haben, aufzugehen. Als wollte sie allen Bewohnern von Rosenborg noch eine Gnadenfrist geben vor den Ereignissen des nächsten Tages. Im Stall blinzelte Wendy verschlafen in das erste Licht des Tages. Neben ihr döste Dixie. Sie konnte spüren, wie sein Brustkorb sich hob und senkte.

„Mach dir nichts draus. Dein Vater hält alle, die nicht einwandfrei funktionieren, für verrückt. Mich auch.‟ An der Tür der Box stand Oma Herta mit einer dampfenden Tasse in der Hand. Sie reichte sie Wendy.

Die trank gedankenlos und spuckte den Schluck gleich wieder ins Heu. „Bäh, Kaffee …‟

Oma Herta schmunzelte. „Ich dachte, es wäre an der Zeit, wach zu werden und dein Pferd rückwärts auf die Weide zu bringen."

Wendy zog die Nase kraus. Sie schmeckte immer noch Kaffee auf der Zunge. „Ich dachte, ich lass ihn lieber im Stall. Er hat sich erkältet." Wendy zog ihre Bettdecke über Dixie und lächelte bemüht harmlos.

Oma Herta ließ sich nicht täuschen. „Erkältet, aha. War wohl zu oft schwimmen, der Gute."

Wendy guckte ganz verlegen.

Oma Herta beugte sich näher zu ihr. „Also, wenn ich dir helfen soll, dann wäre es mal an der Zeit, mir zu sagen, vor wem du ihn versteckst."

Wendy schluckte. Aber eine Verbündete konnte sie gut gebrauchen. „Der heißt Röttgers, und der ist ..."

„... der Metzger. Dann hat der Kleine hier ihm wohl die Kniescheibe eingetreten. Ei, ei, ei." Oma Herta begriff den Ernst der Lage ohne weitere Erklärungen. „Ich würde sagen, wir gehen erst mal frühstücken. Was meinst du? Deine Rakete hier lassen wir einfach mal weiterschlafen. Hm?"

Wendy folgte ihrer Oma verschlafen über den Hof. Am liebsten wäre sie den ganzen Tag neben Dixie liegen geblieben. Sie hatte keine Lust, ihrem Vater zu begegnen. Sie hatte keine Lust, überhaupt irgendwem zu begegnen.

Mitten auf dem Hof stand Tom, hielt einen Zettel in der Hand und kratzte sich das Kinn.

„Guten Morgen", grüßte Oma Herta freundlich.

„Tja, ob der so gut ist ..." Mit diesen Worten reichte Tom Wendy den Zettel.

Es war ein Flugblatt. Eine Art Steckbrief.

Oben sah man ein Foto von Dixie. Und darunter stand: „Pferd zugelaufen. Eigentümer bitte melden." Und dann noch die Adresse und die Telefonnummer von Rosenborg.

Für einen kurzen Moment hatte Wendy das Gefühl, als würde ihr der Boden unter den Füßen weggezogen.

Nur Minuten später bretterte ein abenteuerliches Gefährt über die Landstraße von Rosenborg Richtung Dorf. Es war Opa Gerhardts altes Motorrad samt Beiwagen. Am Steuer, tief über den Lenker gebeugt, mit uraltem Helm und ebensolcher Motorradbrille, saß Oma Herta. Im Beiwagen, kreischend und sich krampfhaft aneinander festhaltend, saßen Wendy und Tom. Oma Herta holte alles aus der Kiste heraus, was der Motor hergab. Sie schnitt Kurven, fegte über Kreuzungen und hielt dann mit einem satten Quietschen kurz vor dem Marktplatz von Waldneuburg

Wendy und selbst Tom stiegen etwas wackelig aus. Und da sahen sie ihn auch schon: Gunnar Thorsteeg. Er plakatierte die Flugblätter an der Bushaltestelle, an einem Baum, an der Anschlagtafel vor dem Rathaus. Jetzt ging er in eine Bäckerei. Kam wieder heraus, stieg in den alten Kombi und fuhr los.

Oma Herta kommandierte entschlossen: „Ausschwärmen!"

Wendy und Tom flitzten los. Richtung Schule und vor allem Richtung Metzgerei. Wendy schickte ein Stoßgebet zum Himmel. Hoffentlich war es noch nicht zu spät. Tatsächlich: Am Schaufenster der Metzgerei, direkt neben dem Tagesangebot für Schweinswürste und Salami, hing ein Flugblatt. Runter damit. Wendy lugte kurz in die Metzgerei. Metzger Röttgers bediente eine Kundin, die wissen wollte, ob das Gulasch auch wirklich zart sei. Er hatte nichts bemerkt. Wendy atmete auf.

Und weiter ging es.

Auch Tom sammelte fleißig Steckbriefe ein. Als ein

paar alte Damen an der Bushaltestelle missbilligend guckten, beschwichtigte Tom sie gekonnt: „Kein Grund zur Beunruhigung, Ladys, ich bin Praktikant bei der Stadtverwaltung, wir führen eine Aktion gegen illegales Plakatieren durch. Das geht so gar nicht!" Und – ratsch – riss er das Flugblatt ab.

Die „Ladys" nickten wohlwollend. Netter Junge, und so ordentlich! Tom grinste vergnügt und nahm den nächsten Steckbrief ins Visier. Doch gerade als er die Hand danach ausstreckte, ließ ihn eine bekannte Stimme herumfahren.

„Hey, Tom, was machst du denn hier?"

Es war Vanessa. Tom schaffte es gerade noch, das Flugblatt abzureißen, bevor das Puddinggefühl seine Arm- und Beinmuskulatur zu lähmen begann. Sekunden später blickte er in tiefbraune Augen, sah lange gebogene Wimpern, seidiges Haar, das im Wind wehte. Jetzt unbedingt cool bleiben!

Tom stotterte: „Vanessa, du siehst ... Mann, du bist ... äh, du wirst von Jahr zu Jahr schöner. Echt Hammer!" Er hoffte inständig, dass das cool genug rüberkam.

Vanessa lächelte spöttisch. „Ja, und wenn du noch ein Jahr wartest, bin ich noch schöner."

Tom hatte etwas Mühe, die vielen widersprüchlichen Informationen zu verarbeiten: das Lächeln, den Text und den Unterton. War sie sauer?

„Und was machst du hier?", beendete Vanessa seine Denkpause genervt.

„Ich, äh, also, ich wollte ein Konzert geben auf dem Hof. Also, wenn ich meine Band zusammenhabe. Ich suche noch Leute, die mitmachen."

Tom rollte die Flugblätter in seiner Hand nervös zusammen.

„Aha, und weshalb nimmst du sie dann runter, statt sie aufzuhängen?"

Tom schluckte hart. „Tippfehler."

„Ach so, brauchst du noch 'ne Sängerin?"

Toms Ja kam etwas unmännlich daher, mehr wie ein Hauch. Aber das war dann auch egal. Vanessa drehte sich mit einem lässigen „Okay, man sieht sich" um und verschwand aus seinem Blickfeld.

Wendy und Oma Herta fanden Tom wenige Minuten später, immer noch an der gleichen Stelle stehend und Vanessa nachschauend.

„Tom, alles in Ordnung?", fragte Wendy ihren Bruder besorgt.

Tom tauchte aus einer offenbar sehr glücklich machenden Vision auf, gab keine Antwort und lächelte nur

„Hast du sie alle?", wollte Wendy wissen.

„Was?"

„Die Flugblätter!" Wendy rollte die Augen.

„Welche Flugblätter?"

Wendy machte der Zustand ihres Bruders nun doch etwas Sorge. Sie schüttelte Tom an den Schultern. „Hallo! Schwester an Bruder! Alles okay mit dir?"

Tom fing sich wieder. „Ja, die Flugblätter, das Pferd, alles gebongt. Alle Flugblätter eingesammelt. Auftrag ausgeführt."

Die Gefahr war gebannt. Die drei klatschten sich erleichtert ab. Dixie war gerettet. Vorerst.

Vor der Schule schloss Vanessa ihr Fahrrad auf. Eigentlich fand sie Tom Thorsteeg ja ganz süß. Etwas langsam von Begriff vielleicht, aber wer in so einem Provinzkaff wie Waldneuburg lebte, durfte nicht wählerisch sein. Vanessa schaute sich um und seufzte aus tiefstem Herzen. Sie hätte alles dafür gegeben, hier rauszukommen.

Sie trat in die Pedale. Etwas hatte sich in den Speichen verfangen. Ein Flugblatt. Sie zog es raus. Jetzt war sie doch mal gespannt, was das für ein Konzert war und was für eine Band. Ein bisschen Abwechslung konnte auf keinen Fall schaden. Und vielleicht machte sie ja sogar als Sängerin Karriere.

Doch statt einer Band schaute ihr ein Pferd entgegen. Ein Schecke. „Pferd zugelaufen ...'' Vanessa zog die Stirn in Falten und kombinierte. Sie hatte also recht gehabt. Wendy hatte ein Pferd. Und sie trainierte heimlich. Aber es gehörte ihr anscheinend nicht. Und es war jetzt auf Rosenborg. Sehr interessant. Das musste sie sich unbedingt einmal genauer ansehen.

Wendy stand an der Koppel, kaute auf einem Grashalm, beobachtete Dixie und beneidete ihn. Dixie musste sich nicht den Kopf zerbrechen, wie er alles noch zum Guten wenden konnte. Er konnte seelenruhig Gras fressen, sich auf der Weide wälzen und mit den anderen Pferden Fangen spielen. Die Verantwortung lag allein bei Wendy. Und die fragte sich, wie sie es nur schaffen konnte, ihren Vater doch noch umzustimmen. Die akute Gefahr war zwar gebannt, trotzdem war es nur eine Frage der Zeit, bis ihr Vater eine Entscheidung treffen würde. Zudem dauerten die Sommerferien auch nicht ewig.

Dixie musste Wendys Sorgen gespürt haben. Er kam näher und begann, an Wendys Ohr zu knabbern.

„Lass das." Wendy war so gar nicht in Stimmung für Spielchen. „Hör auf. Fürs Erste bist du in Sicherheit, aber wenn du niemanden auf dir reiten lässt, behält mein Vater dich nicht."

Wendy konnte sich die Frage nicht beantworten, warum Dixie in der Reitbahn so ausgeflippt war. Und warum er umgefallen war. Kein Pferd fiel einfach so um. Für ihren Vater war das ganz klar Befehlsverweigerung oder schlimmer noch ... „Mein Vater glaubt, du bist nicht ganz richtig im Kopf. Irgendwie gestört. Gemeingefährlich. Irre. Versteh das doch mal!"

Dixie schnaubte Wendy ins Gesicht.

Sein kleiner Mensch sah immer noch unglücklich aus.

„Was ist mit dir los? Tut dir was weh? Oder magst du mich nicht mehr?" Wendys Kinn zitterte verdächtig.

Dixie legte vertrauensvoll den Kopf auf Wendys Schulter, schmuste und schloss die Augen.

Wendy seufzte. Nicht mögen konnte es also nicht sein. Irgendetwas hatte sie falsch gemacht. Aber was?

Wenn es überhaupt eine Chance gab, und sei es nur

eine klitzekleine, dann nur, wenn sie und Dixie ein Team waren. So wie früher.

Sie musste es wissen. Jetzt. Atemlos baute sie sich vor Dixie auf. „Also, was ist, sind wir noch Freunde?" Dixie schaute auf. Wieherte kehlig. Was für eine Frage! „Dann … dann reite ich jetzt auf dir."

Wendy bugsierte Dixie zum Zaun. Und saß auf. Einen kurzen Moment hielt sie inne. Lauschte in sich hinein. Die Stimme meldete sich nicht. Was blieb, war ein Kribbeln in der Magengegend und etwas zittrige Knie. Aber das war auszuhalten.

„Alles klar, kann losgehen." Dixie setzte sich in Bewegung. Vorsichtshalber fasste Wendy mit einer Hand in die Mähne. Sie war auf alles vorbereitet. Steigen, kreiseln, buckeln. Zumindest würde sie weich fallen hier auf der Wiese.

Doch nichts dergleichen passierte. Dixie trabte an, galoppierte, und die beiden flogen über die Wiese. Eine Runde, noch eine Runde. Dann hielt er an, kaum dass Wendy ihr Gewicht verlagerte.

Unendlich erleichtert ließ Wendy sich rückwärts auf Dixies Rücken fallen. So blieb sie liegen, während der Schecke zu grasen anfing. Sie schaute in den Himmel.

Ja, sie war erleichtert! Zwischen ihnen war alles wieder gut. Oder? So ganz verstehen konnte sie den Vorfall in der Reitbahn immer noch nicht.

Wendy ließ sich von Dixies Rücken gleiten und baute sich vor Dixie auf. „Gehen wir das Problem doch mal logisch an." Dixie kam etwas näher. Wendy knetete ihre Unterlippe: „Was unterscheidet Situation A, das Vorreiten in der Bahn, von Situation B, dem Reiten auf der Weide?"

Dixie schnappte sich ein Maul voll Klee, während Wendy vor ihm auf und ab ging.

„Ohne Trense", murmelte sie, „ohne Sattel, keine Zuschauer." Dann blieb Wendy stehen: „Vielleicht bist du einfach nur sensibel und ... schüchtern!"

Dixie stupste Wendy an. Vielleicht hatte sie ein Möhrchen dabei?

Alle hatten längst zu Abend gegessen, als Wendy zurück zum Haus kam. Ihre Mutter saß an ihrem Laptop vor einer Tabelle und tippte konzentriert Zahlen ein.

„Wo ist denn Papa?", fragte Wendy.

Ihre Mutter seufzte. „Du willst noch mal mit ihm wegen Dixie reden, oder?"

Wendy zuckte die Achseln. Eigentlich schon, aber ob es half ...

„Ja", gestand ihre Mutter, „das hatte ich auch vor, aber", sie zeigte auf die Geschäftsunterlagen vor sich auf dem Tisch, „ich habe heute noch keinen günstigen Moment gefunden. Und jetzt, also jetzt ist es ganz ungünstig. Er hat einen Brief gefunden."

Wendy wunderte sich: Was denn für einen Brief?

Wendy entdeckte ihren Vater auf der Treppe zur Scheune sitzend. Er starrte auf einen Brief, den er in den Händen hielt. Der sah nicht nach einem Geschäftsbrief aus, so viel konnte Wendy aus der Entfernung erkennen. Und offensichtlich ging es ihrem Vater sehr nahe, was er las. Seine Augen waren verdächtig feucht, und er räusperte sich ständig. Dann stand er auf und schaute lange über Rosenborg. Wendy wäre nur zu gern zu ihm hingelaufen und hätte ihn getröstet und bei der Gelegenheit gefragt, was das für ein Brief war. Neugierig war sie schon. Aber ihr Instinkt sagte ihr, dass sie ihren Vater jetzt mal lieber in Ruhe lassen sollte.

Tatsächlich straffte Gunnar Thorsteeg in diesem Moment die Schultern und ging schnurstracks Richtung

Wohnhaus. Wendy drückte sich in die Holunderbüsche und folgte ihm dann unauffällig.

Er steuerte auf Oma Herta zu, die im Hof die Hühner für die Nacht einfing. Sie schaute auf. Und anscheinend wusste sie sofort, was für einen Brief ihr Sohn in der Hand hielt. Wendy kroch durch die Büsche etwas näher heran.

Oma Herta wirkte sehr ernst. „Ich konnte dir den Brief nicht geben", sagte sie zu ihrem Sohn. „Ich weiß, dass dein Vater dich bittet, den Hof zu übernehmen. Aber ich weiß ja, dass du das nicht kannst. Ihr habt euer Leben in München ... "

Das war es also, ein Abschiedsbrief von Opa. Ob das etwas nützte? Ihr Vater konnte furchtbar stur sein.

„Es tut mir leid. Es tut mir leid, dass ich nicht da war, als Papa gestorben ist. Ich ... Ich wollte ihm eigentlich noch so viel sagen." Wendys Vater stand ziemlich hilflos vor seiner Mutter. Er wirkte fast wie ein kleiner Junge. Jedenfalls so gar nicht wie fünfundvierzig.

Wendy musste schlucken, so hatte sie ihren Vater noch nie gesehen. Es war ein eigenartiges Gefühl. Am liebsten wäre sie zu ihm gelaufen und hätte ihn in den Arm genommen. Aber das tat Oma Herta zum Glück. Wendy merkte, wie ihr vor Rührung die Augen feucht wurden. Zwischen ihrem Vater und ihrer Oma war damit endlich alles wieder gut. Das konnte sie sehen. Und vielleicht bedeutete diese Versöhnung ja auch eine kleine Chance für sie und Dixie.

Was für ein Tag! Wendy fand an diesem Abend keinen Schlaf. Unruhig warf sie sich hin und her. Was konnte sie tun, um ihren Vater doch noch zu überzeugen? Ihr Magen versuchte, Antwort zu geben. Er knurrte wie ein kleines wildes Tier. Wendy beschloss, es zu füttern. Vielleicht kam ihr satt die rettende Idee.

Anscheinend war sie nicht die Einzige mit diesem Plan. Am Kühlschrank traf sie Tom.

„Hast du auch noch Hunger?", fragte sie ihren Bruder.

„Hunger? Wer hat hier noch Hunger?", ertönte da eine Stimme.

Wendy und Tom schauten zur Tür. Dort stand Oma Herta im Pyjama, gefolgt von „Schwein". Anscheinend hatte sie einen eingebauten Seismografen, der immer ausschlug, wenn jemand im Haus, egal, zu welcher Stunde, Hunger verspürte.

„Ich schmier euch ein paar Schnittchen."

Minuten später saßen die drei am Tisch vor einem ganzen Berg Schnittchen nebst drei Tassen mit Kakao. Wendy musste sich mächtig ranhalten, wenn sie noch etwas abbekommen wollte. Tom kaute doppelt so schnell und schaffte es dabei noch, zu reden. Ihn ließ das Thema Motorradfahren nicht los: „Mal ehrlich, wer braucht schon Abitur. Ich persönlich sehe meine Zukunft ja eher im Rennsport. Nürburgring, Monte Carlo, der Hochgeschwindigkeitsparcours von Monza ..."

Oma Herta schaute Tom an und lächelte verschmitzt. „Das musst du deinem Vater dann aber bitte selbst beibringen", erklärte sie ihm. Tom verschluckte sich vor Schreck und musste husten.

Wendy war mit ihren Gedanken bei Dixie. „Dixie ist kein schlechtes Pferd. Er ist der beste Freund, den ich je hatte", verkündete sie entschlossen. „Und Reiten klappt auch wieder!", versicherte sie Oma Herta und Tom. Hastig fügte sie hinzu: „Im Schritt selbstverständlich."

Oma Herta grinste wieder. „Ja, schon klar, nur ein bisschen Schritt und dann ein bisschen Galopp, viermal um die Weide." Sie hatte alles gesehen und erinnerte Wendy daran, was passieren würde, wenn ihr Vater davon Wind bekäme. Dann wäre Dixie schneller weg, als sie alle zusammen tschüss buchstabieren konnten.

„Und damit hätte er nicht ganz unrecht", erklang eine Stimme aus dem Hintergrund.

Alle fuhren herum. In der Tür stand Heike Thorsteeg im Nachthemd. Oma Herta reichte gleich mal zur Besänftigung die Platte mit den Schnittchen weiter.

Wendys Mutter lehnte dankend ab und bemühte sich, ihrer Tochter die Lage zu erklären: „Ich weiß, was dir Dixie bedeutet. Aber ganz ehrlich, ich habe noch nie solche Angst um dich gehabt wie in der Reitbahn neulich. Und ich habe noch nie ein Pferd gesehen, das so einen Zirkus veranstaltet hat."

Wendy wollte zu einer Erklärung ansetzen, da knallte Oma Herta plötzlich die flache Hand auf den Tisch, dass die Tassen tanzten. „Heike! Das isses!"

Im Nu war sie auf den Beinen, schnappte sich eine Laterne, die auf der Anrichte stand, und kommandierte: „Los, alle Mann mitkommen. Sofort!"

Heike Thorsteeg schaute ihre Kinder ganz verwirrt an. Was hatte sie denn nur gesagt?

Es war ein merkwürdiger Zug, der da mitten in der Nacht über den Hof hastete. Vier Gestalten in Nachthemd und Pyjama, allen voran Oma Herta mit der Laterne. Gunnar Thorsteeg bekam davon nichts mit, er war über einem Fotoalbum mit Bildern aus seiner Jugend eingeschlafen.

Wendys Mutter machte sich Sorgen, und sie gab Wendy sehr vorsichtig ein Zeichen. Konnte es sein, dass Oma jetzt endgültig verrückt geworden war?

Wendy zuckte nur die Schultern. Abwarten.

Sie erreichten die Pferdekoppel. Die meisten Pferde dösten im Stehen und hoben erstaunt den Kopf, als sie die merkwürdige Menschenherde mitten in der Nacht auf sich zukommen sahen. Dixie lag im hohen Gras, bemühte sich aber netterweise, aufzustehen und Wendy zu begrüßen.

Oma Herta wirkte total aufgekratzt. „So, jetzt denkt mal alle ganz scharf nach. Was haben wir getan, als Wendy mit Dixie in der Reitbahn war?"

„Zugeschaut?", versuchte es Tom.

Seine Mutter nahm besorgt Oma Hertas Arm. „Herta, möchtest du dich vielleicht kurz hinsetzen? Das war doch alles ein bisschen viel in den letzten Tagen, nicht wahr?!" Heike Thorsteeg befürchtete, die arme Oma Herta sei vor lauter Stress übergeschnappt.

Aber das war sie nicht. „Falsch. Wir haben nicht nur zugeschaut", verkündete Oma Herta und wippte triumphierend auf den Fersen.

Oma Herta machte eine dramatische Pause.

„Wir haben applaudiert."

Schweigen. Das verstand keiner so recht.

„Jaa, und?", fragte Wendy vorsichtig nach.

Oma Herta lächelte wissend. „Und wo applaudiert man für gewöhnlich – bei Vorführungen mit Tieren und so?"

Wendy schlug sich mit der flachen Hand vor die Stirn, dass es patschte. „Natürlich – im Zirkus!"

Oma Herta nickte zufrieden. „Also dann, darf ich um einen kräftigen Applaus für Dixie bitten?"

Wendy fing an, in die Hände zu klatschen. Heike Thorsteeg tat es ihr etwas zögerlich nach. Auch Tom und Oma Herta fielen ein.

Und tatsächlich, als hätte man ihn unter Strom gesetzt, hob Dixie den Kopf. Begann auf der Stelle zu tänzeln. Drehte sich. Galoppierte an. Und spulte das gleiche Programm ab wie in der Reitbahn mit Wendy auf seinem

Rücken. Je mehr alle applaudierten, desto schneller wurde Dixie. Die anderen Pferde stoben in alle Richtungen auseinander. Zum Abschluss seiner Nummer verbeugte sich Dixie artig.

„Und", rief Oma Herta, „was hast du, Tom, gemacht, als dein Vater aufsteigen wollte?"

Tom überlegte. „Moment." Er suchte im Gras und fand zwei Zweige unter einem Baum. „Ungefähr das da." Dann trommelte er mit den Zweigen auf dem Zaun.

Als ob man ihn erschossen hätte, fiel Dixie seitlich um. Und blieb liegen.

„Also, wenn das kein 1-a-Zirkuspferd ist, dann will ich nicht mehr Herta heißen!", verkündete Oma Herta und strahlte.

Wendy krabbelte wie ein Wiesel durch den Zaun auf die Wiese und fiel Dixie um den Hals. „Ich wusste es. Du bist nicht verrückt. Du bist was ganz Besonderes."

Dixie wird geraubt

So schnell wie am nächsten Morgen war Wendy noch nie aus den Federn gewesen. Kaum dass der Hahn gekräht hatte, war sie schon in der Küche, stürzte ein Glas eiskalter Milch hinunter und stand Minuten später auf der Koppel vor einem komplett verwuschelten und schlaftrunkenen Dixie. „Mal sehen, was uns zum Thema Zirkus einfällt."

Dixie fiel dazu eine Menge ein. Sie spielten Manege. Sie tanzten, wirbelten umeinander. Wendy gelang es, Dixie dazu zu bringen, ihr Nickituch zu apportieren. Wie ein Hund fasste Dixie das Tuch mit den Zähnen. Jedes Mal, wenn er etwas richtig machte, gab es eine Belohnung. Und wenn es etwas zu fressen gab, lernte Dixie rasend schnell.

„Aha, daher also deine Vorliebe für Äpfelchen und Möhrchen." Wendy kraulte ihren Freund hinter den Ohren. Dixie wedelte mit dem Nickituch, als wolle er einem unsichtbaren Publikum winken. Mehr Möhrchen, die Herrschaften!

Ganz unsichtbar war das Publikum jedoch nicht.

Gut getarnt zwischen Bäumen und Büschen stand Vanessa in einiger Entfernung und schaute fassungslos auf die Weide. So etwas hatte sie noch nie gesehen. So eine Verbundenheit zwischen Mensch und Pferd war ihr gänzlich unbekannt. Wendy lag im Gras, und Dixie knabberte an ihr, als wolle er sie durchkitzeln. Es versetzte Vanessa einen Stich, die beiden so zu sehen. Kaum vorstellbar, dass Tornado sich ihr freiwillig nähern würde. Waffenstillstand war das höchste der Gefühle, das sie und der Araberwallach füreinander aufbringen konnten. So etwas wie Dixie und Wendy hatte sie nie gehabt. Nicht mit Tornado und auch nicht mit irgendeinem anderen Pferd. Fürs Erste hatte sie genug gesehen. Aber sie würde wiederkommen. So viel war sicher.

„Tja, dass dein Dixie etwas ganz Besonders ist, steht außer Frage. Aber wie erklären wir es deinem Vater?"

Oma Herta stand an der Koppel, betrachtete Dixie und wiegte den Kopf hin und her.

Wendy streichelte Dixie nachdenklich. Sie wusste, ein Zirkuspferd war für ihren Vater nicht viel besser als ein Wildpferd.

„Wenn er im Zirkus dressiert wurde, dann könnte man versuchen, ihn umzudressieren. Damit er auf bestimmte Auslöser wie das Applaudieren und den Trommelwirbel einfach nicht mehr reagiert."

„Sozusagen sein Programm überschreiben." Tom kletterte auf den Zaun und ließ den Blick fachmännisch über Dixie gleiten.

Oma Herta nickte. „Um ihn umzudressieren, müsstest du ihn führen, jemand anderes müsste draufsitzen, und ein Dritter müsste applaudieren und trommeln."

Tom grinste breit. „Ja, aber mal ehrlich, wer wäre so blöd und würde sich freiwillig auf diesen Schleudersitz setzen?"

Mit der unschuldigsten Miene, die Oma Herta aufzusetzen vermochte, schaute sie ihren Enkel an, legte den Kopf schief und lächelte. „Ja, wer wäre wohl so blöd?"

Der Hof lag still in der Sonne. Grillen zirpten. „Schwein"
döste im Schatten. In der alten Remise stand Wendy zusammen mit ihrer Oma und Tom. Mit verschwörerischer
Miene schaute Oma Herta sich um. Die Luft war rein,
weder ihr Sohn noch seine Frau waren zu sehen. Dann
griff sie nach einer alten Plane und schlug sie mit einem
Ruck zurück. Darunter kam etwas zum Vorschein, das
Tom augenblicklich in Verzücken versetzte: Opa Gerhardts alte BMW-R71.

Andächtig ließ Tom die Hand über das kühle Blech
gleiten und murmelte: „Doppelschleifenrohrrahmen.
Vollschwingenfahrwerk. Luftgekühlter Zylinder. Kardan-
antrieb."

Oma Herta ließ ihm Zeit und zwinkerte Wendy zu, die
gespannt neben ihnen stand.

„Ja, und 60 Kubikzentimeter Hubraum, 35 PS, das
macht 140 km/h Spitze", ergänzte Oma Herta.

Tom ging ganz verzückt auf die Knie.

„Lust auf Fahrstunden?"

Tom schaute auf. Hatte er richtig gehört? Fahrstunden?

Oma Herta nickte bestätigend. Ja, von ihr höchstpersönlich. Heimlich natürlich.

Tom konnte sein Glück kaum fassen.

Oma Herta ließ die Katze aus dem Sack: „Fünf Minuten Fahrstunde für fünf Minuten ... auf dem Schleudersitz."

Tom sprang auf. „Was? Auf dem irren Vieh?"

Wendy guckte böse und kickte ihn vors Schienbein. „Hallo, Schwester an Bruder: Er ist kein verrücktes Vieh. Genau darum geht's ja."

Tom schluckte, strich noch einmal über das blanke Metall des Motorrads.

Wendy raunte ihm zu: „Denk daran. Es gibt Momente im Leben, da muss ein Mann tun, was ein Mann tun muss."

Anscheinend hatte Wendy den richtigen Ton getroffen. Tom sah sie ernst an und nickte. „Okay, ich mach's. Fünf Minuten auf dem ... äh, Pferd für fünf Minuten auf diesem Wunder der Technik."

Wendy und Tom klatschten sich ab. Der Deal war besiegelt.

Ungeduldig scharrte Dixie mit den Hufen.

„Wie... wieso macht er das?" Es war Tom anzusehen, dass ihm die Sache nicht so ganz geheuer war. Dixie stand auf der Weide, außer Sichtweite des Wohnhauses, und wartete auf seinen Einsatz.

Wendy klopfte ihrem Bruder beruhigend auf den Rücken. „Er freut sich, das ist alles."

„Okay."

Das klang doch etwas kläglich.

Während sie ihrem Bruder aufs Pferd half, mahnte Wendy vorsichtshalber: „Aber mach langsam. Erster Gang! Ich gehe neben euch her, und wenn Oma anfängt zu klatschen, dann lenke ich ihn ab."

Tom nickte, setzte sich im Sattel zurecht und nahm die Zügel. Ein Lenkrad wäre ihm lieber gewesen, aber im Großen und Ganzen fühlte es sich doch eigentlich gar nicht so schlecht an.

„Okay, kann losgehen", verkündete er markig, und ehe sichs Wendy versah, haute Tom in bester Westernmanier seine Fersen in Dixies Seiten.

„NICHT!", schrie Wendy.

Doch ihre Warnung kam zu spät.

Dixie ging augenblicklich ab wie eine Rakete.

Tom schrie gellend auf. Es klang wie „Mamaaaa", hätte aber auch nur ein lang gezogenes Aaah sein können.

Dixie wurde immer schneller. Er raste auf einen Baum und einen tief hängenden, ziemlich massiven Ast zu.

„Abspringen! Abspringen." Wendy gestikulierte wild und schrie.

Oma Herta kniff die Augen zusammen. Tom saß wie zur Salzsäule erstarrt auf Dixie und hüpfte im Sattel auf und nieder, als säße er auf einer überdimensionalen Nähmaschine. Der Ast kam immer näher.

Und dann streifte Dixie Tom quasi direkt daran ab. Zwar bekam Tom den Ast noch kurz zu packen, als er ihm frontal vor die Brust knallte. Aber der Aufprall war zu heftig, Tom landete auf dem Boden.

„Ooooh … oooh."

Tom lag auf dem Boden, blickte in den Himmel und gab nichts außer diesen komischen Ooohs von sich.

Wendy tätschelte vorsichtig seine Wange. „Tom?"

„Oooooh!"

„Junge, alles in Ordnung?" Oma Herta war ganz blass vor Sorge.

„Ooooh."

Oma Herta legte die Stirn in Falten. „Möglicherweise ist das Sprachzentrum beschädigt!" Sie nahm Toms Hand und tätschelte sie.

„Ooooh.‟

Wendy verspürte das dringende Bedürfnis, Dixie in Schutz zu nehmen. „Das war jetzt nicht Dixies Fehler.‟

„Oooh-okay!‟

Erleichtert schauten sich Wendy und Oma Herta an. Das war ein kleiner Fortschritt.

„Tom?‟ Wendy beugte sich über ihn und nahm sein Gesicht in beide Hände, damit er sie anschauen musste. „Tom, wer bin ich?‟

„Meine fürchterliche kleine Schwester.‟

Er war normal. Gott sei Dank. Wendy ließ sein Gesicht los. Toms Kopf schlug auf den Boden

„Au!‟ Tom rappelte sich auf. „Und jetzt das Ganze auf mehr PS – wie versprochen!‟

Oma Herta schaute skeptisch drein. „Ja, wenn du meinst, dass das gut für dich ist.‟

Es war gut für ihn. Er konnte es fühlen, mit jeder Kurve, mit jedem Zug am Gasgriff. Oma Herta saß im Beiwagen und fühlte ebenfalls etwas: Panik! Ihre Kommandos gingen allesamt im Motorenlärm unter. Vielleicht war Tom seit dem Sturz aber auch plötzlich ertaubt. Er kachelte über die Feldwege, dass es eine Freude war ... für ihn.

Auch das Kommando „Kurve – mach langsam. KUR-VE!" verwehte im Wind. Die Kurve kam näher, ebenso der Heuhaufen. Ehe Oma Herta sichs versah, flog ihr das Heu nur so um die Ohren. Ein Schwarm Spatzen stieg erschrocken auf. Dann machte das Motorrad einen Satz und stand endlich still.

Oma Herta schnappte nach Luft. „Welcher Teil von MACH LANGSAM ist eigentlich so schwer zu verstehen?"

Tom hörte nicht, er schaute verzückt in den strahlend blauen Himmel über den Feldern.

Er hatte es gewusst: Er hatte es im Blut!

Die Nacht war mondlos. Erschöpft und glücklich lag Wendy quer im Bett. Sie hatten noch nie ein richtiges Geheimnis zusammen gehabt, sie und ihr Bruder. Das hatte sich heute richtig gut angefühlt. Und Tom wollte weitermachen. Auch wenn sein Hintern inzwischen in allen Farben schillerte. Bald schlief Wendy tief und fest. Draußen im nahen Wald rief warnend der Uhu. Sie hörte es nicht.

Auf der Weide hob Dixie den Kopf. Irgendetwas hatte ihn heute davon abgehalten, sich zum Schlafen ins Gras zu legen. Da waren Stimmen im Wald. Eine merkwürdige Unruhe. Fragend hob er die Nüstern und nahm Witterung auf. Ein fremder Geruch war da. Plötzlich streifte etwas seinen Kopf. Dixie stieg vor Schreck. Und da machte es laut KLACK.

Der Karabiner war zuverlässig eingerastet. Vanessa lächelte zufrieden. „Ja, steig du nur und buckel dich müde. Ich hab dich."

Mit so viel Gegenwehr hatte sie dennoch nicht gerechnet. Dixie tobte. Das Seil war sein Feind. Immer schon gewesen. Er bekam kaum Luft. Mit jedem Sprung zog der Karabiner den Strick unbarmherzig fester und fester über seiner Kehle zusammen. Dixie hatte Todesangst. Doch plötzlich nahm er einen vertrauten Geruch wahr.

Vanessa hatte zwar kein Einfühlungsvermögen, wenn es um Pferde ging, aber sie war nicht dumm. Jetzt wedelte sie mit Wendys Nickituch herum. „Na komm, wir gehen zu Wendy."

Tatsächlich wurde Dixie ruhiger. Diesem Geruch hätte er blind vertraut.

„Na komm, deine liebe Wendy wartet auf dich." Vanessa lockerte den Zug am Seil.

Dixie stand still. Vanessa holte das Seil ein, Stück für Stück. Sie hielt Dixie das Tuch vor die Nase, und Dixie folgte dem Geruch. Von der Weide herunter, durch das Gatter in den Wald. Unheimlich war es auf dem Weg, und für Dixies Pferdeaugen stockdunkel. Aber mit Wendys Geruch in der Nase ging er tapfer Schritt für Schritt hinein in die Finsternis.

Und dann war er plötzlich fort, der vertraute Geruch. Und es wurde, sofern das möglich war, noch dunkler. Es gab ein lautes Geräusch. Holz schlug auf Holz. Dixie bäumte sich erschrocken auf und stieß mit dem Kopf an. Überall waren Bretter. Er stand in einem engen Verschlag, jeder Möglichkeit zur Flucht beraubt. Wo war seine Freundin, der einzige Mensch, dem er vertraute? Dixie wieherte schrill und ängstlich.

Er war gefangen.

Auf Rosenborg brach ein neuer, strahlender Sommertag an. Wendy stand vor ihrem Bruder im Hof und lachte sich scheckig. Tom trug seine alte Uniform vom Football. Einen Helm mit Gesichtsschutz, dicke Schulterpolster und, ja, auch seine Hosen waren ausgepolstert. So ausgerüstet war er bereit, dem Tod ins Auge zu sehen, wie er sich ausdrückte. Wendy biss vergnügt in einen Apfel. Gemeinsam marschierten sie zur Weide.

Doch Dixie stand nicht wie sonst am Zaun. Kein fröhliches Wiehern begrüßte Wendy an diesem Morgen. Er kam auch nicht, als Wendy ihn rief. Er lag auch nicht in seiner Lieblingskuhle unter dem alten Birnbaum. Und bei den anderen Pferden suchte Wendy ihn ebenfalls vergebens.

Dixie war fort. Wendy brauchte eine geschlagene Minute, um zu begreifen: Dixie war fort.

Wendys Eltern und Oma Herta saßen noch beim Frühstück, als Wendy hereingestürmt kam und ihren Vater anschrie: „Wo ist Dixie? Was hast du mit ihm gemacht?"

Gunnar Thorsteeg verstand erst mal nur Bahnhof, und dann dieser Ton ... Nein, er hatte Dixie nicht „zurückgebracht", wie Wendy es ihm unter Tränen vorwarf, versicherte er. Wohin auch? Sein Besitzer hatte sich noch gar nicht gemeldet. Und nein, niemand hatte das Gatter geöffnet, um das Problem „einfach so zu lösen". Und vor allem sah er keinen Grund, seine Tochter anzulügen.

Das stimmte. Ihr Vater log nie. Aber das half Wendy jetzt auch nicht. Dixie war weg. Aber warum? Was war passiert? War er weggelaufen, wie ihr Vater vermutete, weil er unzuverlässig war?

Wendy weigerte sich, daran zu glauben. Sie schnappte sich das Fahrrad und fuhr los. Sie suchte alle Orte ab, an denen sie mit Dixie gewesen war. Den kleinen Bach, in dem Dixie so gern geplanscht hatte. Den Hügel mit dem Klee, auf dem sie spazieren gegangen waren. Dixie war nirgends zu finden. Eine dunkle Vorahnung trieb Wendy immer weiter Richtung Dorf. Direkt vor das Schaufenster der Metzgerei. Wenigstens war das Angebot des Tages nicht frische Pferdesalami. Wendy seufzte. Ein schwacher Trost.

Wo war Dixie?

In dem engen Schuppen war Dixie kurz vorm Durchdrehen. Er war allein. Es war dunkel. Und er konnte sich kaum bewegen. In seiner Not begann er, die Holzwände mit seinen Hufen zu bearbeiten. Immer fester, dass es nur so krachte.

Plötzlich wurde es blendend hell. Jemand hatte die Tür geöffnet.

„Wirst du wohl damit aufhören, du bescheuertes Vieh!" Wütend stand Vanessa in der Tür. Wenn das Pferd weiterhin so einen Lärm machte, würde noch einer der Angestellten von St. Georg auf ihn aufmerksam. Vanessa hatte zwar als Versteck extra einen Schuppen gewählt, der ganz am Rand der Weiden von St. Georg stand und nicht mehr benutzt wurde. Aber manchmal kamen Reiter vorbei. „Sei endlich still", zischte sie.

Dixie dachte nicht daran. Er wollte nur eins: raus hier. Er stieg, so gut es in dem engen Schuppen ging, schlug mit den Vorderhufen und machte einen Satz nach vorn.

RUMS. Hart knallte Dixie mit der Nase vor das Holz. Vanessa hatte in letzter Sekunde die Tür zugeschlagen. Das tat weh.

Draußen hielt sich Vanessa erschrocken den Arm. Dixies Hufe hatten sie nur gestreift. Wütend war sie trotzdem. „Na, wir werden ja sehen, ob du nach einem Tag im Schuppen handzahm wirst."

Auf St. Georg angekommen, schlich Vanessa sofort auf ihr Zimmer. Der letzte Mensch, dem sie jetzt begegnen wollte, war ihre Mutter. Und auf das Training mit Tornado hatte sie schon gar keine Lust. Erst gestern hatte es dabei wieder Krach gegeben. Tatsache war: Tornado konnte sie nicht ausstehen. Er duldete sie nur, weil er gut erzogen war. Ein Freund war er nicht.

In den wenigen Momenten, in denen Vanessa ehrlich zu sich selbst war, musste sie sich eingestehen, dass sie überhaupt keine echten Freunde hatte. Selbst ihre Mutter war enttäuscht von ihr, und das von Geburt an. Vanessa konnte sich nicht daran erinnern, ihren hohen Ansprüchen je genügt zu haben.

Für den Rest des Tages flüchtete sie sich in die Welt ihrer Lieblingsfernsehserie. Die Frauen sahen umwerfend aus. Die Männer waren ausnahmslos gut aussehend. Alle lebten ein aufregendes Leben in irgendeiner schicken amerikanischen Großstadt. Aber das Beste war: Es kam nicht ein einziges Pferd darin vor.

„Wo bist du nur, Dixie?"

Der Kloß in Wendys Hals wollte sich einfach nicht auflösen. Egal, wie oft sie an dem Haarbüschel schnupperte, das sie in der Hand hielt. Sollte das etwa alles sein, was ihr von Dixie blieb?

Es war schon lange nach Mitternacht, und Wendy fand immer noch keinen Schlaf. Warum hatte Dixie das getan? Warum war er fort? Zum zehnten Mal stand Wendy auf, ging zum Fenster und schaute hinaus in die Dunkelheit. Aber kein Dixie stand draußen auf dem Hügel im Mondschein. Nur der Wald war da, schwarz und stumm. „Komm zurück zu mir. Wo immer du bist. Komm zurück zu mir", flehte Wendy.

Es krachte in der Nacht.

Im hintersten Winkel von St. Georg, weitab von den schicken Reitställen, bebte der Schuppen.

Dixie hatte genug. Er war ein gutmütiges Pferd, aber jetzt reichte es. Er hatte lange genug gewartet. Er war hungrig. Er war durstig. Und er wollte nach Hause. Er spannte die Muskeln an und holte mit aller Kraft aus. Seine Hinterhufe trafen erneut. Doch die Wände des Schuppens waren aus massiven Holzbalken. Der Schuppen hielt stand.

„Schatz, magst du nicht wenigstens irgendetwas essen?"

Wendys Mutter stand unter der Hoflinde, reckte den Hals und versuchte, einen Blick auf Wendy im dichten Laubwerk des alten Baumes zu erhaschen.

„Nein", war die knappe Antwort, die aus dem Dickicht der Zweige kam.

Wendy hockte schon seit Sonnenaufgang auf ihrem ehemaligen Lieblingsplatz und hielt Ausschau. Sie würde erst wieder essen, wenn Dixie zurück war. Obwohl ihr vollkommen klar war, dass das absolut nichts nützte und sie Dixie damit nicht zurückbringen konnte. Aber nur für den Fall, dass es Dixie, wo immer er auch war, jetzt schlecht ging, ging es Wendy dann wenigstens auch schlecht. Wer wusste schon, was Dixie zugestoßen war? Oder war Dixie hier auf Rosenborg doch nicht so glücklich gewesen? Nicht so glücklich wie Wendy? Pferde waren für die Freiheit geboren. Nicht fürs Reiten. Vielleicht schaffte er es ja bis zu den Wildpferden im Dülmener Moor. Wie weit mochte das weg sein? Drei Tage? Vielleicht vier? Wendy schnupperte an Dixies Haarknäuel. Es war feucht von ihren Tränen.

Auf St. Georg begann der Morgen mit der üblichen Geschäftigkeit. Stallburschen eilten hin und her. Pferde wurden gefüttert und getränkt und zum Morgentraining geführt.

Niemand hatte bemerkt, was in dem kleinen Schuppen

am Waldrand vor sich ging. Dort krachte es immer noch. Holzsplitter flogen. Und allmählich bildete sich ein Loch in der Schuppenwand. Es wurde heller. Dixie roch Gras. Freiheit. Das gab ihm neue Kraft. In wenigen Minuten war der Mittelbalken Kleinholz. Das Dach brach ein. Mörtel, Bretter und Dachziegel krachten auf Dixie herunter. Mit einer letzten Kraftanstrengung warf er sich gegen die übrig gebliebene Wand. Mit einem Knirschen gaben Balken und Mörtel nach. Dixie brach durch. Voller Mörtel, eine Staubfontäne hinter sich herziehend, raste er los. Er wusste, wohin.

Sehr gemütlich und ganz ohne Eile war Metzger Röttgers in diesem Moment mit seinem alten Metzgerwagen auf dem Weg nach Rosenborg. Inzwischen hatte es sich herumgesprochen, dass Oma Herta wohl verkaufen musste, und da ein ordentlicher Metzger nichts verkommen ließ, wollte sich Klaus Röttgers den tierischen Restbestand sichern. Im Geiste sah er schon lange Schnüre leckerer Schweinswürste, gepökelte Rippchen und, ja, seine absolute Lieblingswurst: Pferdesalami natürlich. Er pfiff vergnügt vor sich hin. Nur hin und wieder, wenn er auf die Bremse treten musste, verfinsterte sich sein

Gesicht, und der Ton wurde schief. Sein Knie war noch immer eingegipst. Es schmerzte bei jeder Bewegungen. Und bei dem heißen Wetter juckte es zudem höllisch unterm Gips.

Die Staubwolke, die Dixie hinter sich herzog, war kleiner geworden. Nicht so seine Geschwindigkeit. In ungebremstem Galopp nahm er Kurs auf Rosenborg.

Wendy spürte ihn, bevor sie ihn sehen konnte. Und obwohl Dixie aschgrau war vom vielen Staub und Mörtel, wusste Wendy doch sofort, was sich da über die Felder dem Hof näherte. Ihr Herz machte einen Satz. Und gleich darauf machte es noch einen: Der Metzgerwagen hielt im Hof!

So schnell war Wendy noch nie von ihrem Baum hinuntergestiegen. Sie rutschte am Kletterseil abwärts, ohne darauf zu achten, dass sie sich die Handflächen aufschürfte. Dann rannte sie über den Hof, dass die Hühner nur so auseinanderstoben und Oma Herta erschrocken der Eimer aus der Hand fiel. Sie rannte weiter zum Wohnhaus.

Dort bog Dixie gerade in halsbrecherischem Tempo um die Ecke. Zu schnell, um zu bremsen, galoppierte er direkt auf den Hof zu und mitten durch Oma Hertas Wäsche, die auf der Leine hing.

Das war sein Glück. Ein großes blaues Bettlaken verfing sich an seinem Kopf und breitete sich wie ein Schleier über ihm aus. Dixie sah nichts mehr, wurde langsamer ... und kam zum Stillstand – mitten im Hof, direkt vor Metzger Röttgers, der Oma Herta gerade die Hand reichte, um sie zu begrüßen.

„Hoppla, Gespensterpferde oder is schon Karneval?", brummelte er gutmütig.

Oma Herta ahnte, wer sich unter ihrem Bettlaken verbarg, und bewies Geistesgegenwart. „Ja, das ist unsere Annemone. Die hat doch immer so ein Theater mit den Pferdebremsen."

„Und das hilft?" Metzger Röttgers kam neugierig näher.

Zu nah für Wendys Geschmack, die nach Luft schnappend neben Dixie stehen blieb und das Laken zurechtzupfte.

Metzger Röttgers betrachtete das eigenartige Pferd nachdenklich. „Ja, der Olaf, der hat dieses Jahr mächtig viele Zecken, lästige Viecher."

Wendy lächelte artig, ihr Mund war eigenartig trocken.

Was würde passieren, wenn Dixie den Metzger erkannte?

„Und du willst wirklich nichts abstoßen, Herta?", versuchte es der Metzger erneut.

„Ne, Klaus, von meinen Tieren kommt keins in die Wurst. Kein Schwein, kein Huhn und schon gar kein Pferd. Auch nicht, wenn ich pleite bin."

„Na, dann nix für ungut", Röttgers beugte sich zu „Schwein" hinunter und tätschelte es freundlich, „aber man soll ja nix verkommen lassen."

Dixie hatte den Metzger inzwischen offenbar doch erkannt. Er versuchte, ihn durch das Bettlaken hindurch zu beißen. Wendy musste sich mit aller Macht gegen Dixie stemmen.

„Annemone, meine Gute, lass das, du kennst den Klaus doch." Oma Herta hatte Talent zum Schauspielern, das musste man ihr lassen.

„Macht nix, du weißt doch, ich bin tierlieb, Herta." Mit diesen Worten zwinkerte der Metzger Wendy zu, und dann fuhr er endlich, endlich ab.

Als er außer Sichtweite war, zog Wendy ganz langsam das Laken von Dixie herunter. Dixie wieherte kehlig, schnaubte und pustete Wendy dabei feinen Staub ins

155

Gesicht. Wendy musste niesen. Sie lehnte sich mit der Stirn an Dixies staubigen Hals. „Mach das nie wieder, du verrücktes kleines Pferd. Hörst du? Nie wieder!"

Auf St. Georg stand Vanessa fassungslos vor den Trümmern des Schuppens. Konnte das möglich sein? Konnte ein einziges Pferd so etwas anrichten? Vanessa schalt sich selbst eine dumme Kuh. Wieso war sie so enttäuscht? Was hatte sie sich eigentlich erhofft? Hatte sie wirklich geglaubt, dass eines von diesen Biestern sie zur Freundin haben wollte? Dixies Antwort war eindeutig. Vanessa wandte sich trotzig ab. Na schön, sie konnte auch anders. Der blöde Gaul hatte es ja so gewollt.

Es war schon beinahe dunkel, als Wendy mit einer Decke unterm Arm Richtung Stall ging. Sie hatte Dixie für die Nacht vorsichtshalber in den Stall gebracht und sich einen Schlüssel zur Stalltür von Oma Herta erbeten.

In der Remise war noch Licht. Im Schein einer Laterne säuberte und polierte Tom hingebungsvoll das verdreckte Motorrad.

„Na, ist es im Eimer?", wollte Wendy wissen.

Es folgten einige exakte technische Angaben, die

Wendy sich sowieso nicht merken konnte, und die Schlussfolgerung, dass man mit einem neuen Bremszug, den Oma versprochen hatte zu besorgen, durchaus weiter trainieren könne.

Wendy fragte vorsichtshalber noch mal nach: „Sicher? Was macht dein Hintern?"

Kein Problem, der verändere gerade seine Farbe zu einem sehr coolen Violettgrün, versicherte Tom. „War 'ne geile Erfahrung", prahlte er. „Weißt du, es hat mich gelehrt, mit Schmerz umzugehen."

Wendy knuffte ihn und rollte mit den Augen. „Jungs." Dann wurde sie wieder ernst: „Sag mal, Tom, was hältst du eigentlich von der Geschichte mit dem Hof?" Tom zuckte etwas ratlos die Achseln. „Wenn wir wirklich an Vanessas Mutter verkaufen, dann fahren wir vielleicht schon früher zurück nach Hause. Wär doch super, dann siehst du deine Freunde schneller wieder."

Tom konnte seiner kleinen Schwester ansehen, dass sie das alles andere als super fand. Er hörte auf zu polieren und schaute für einen Moment gedankenverloren auf den Hof, auf dem die Schatten immer länger wurden. „Meine Freunde, an die hab ich gar nicht mehr gedacht." Tom verzog das Gesicht. „Sie an mich auch nicht. Hab nicht *eine* SMS bekommen, seit ich weg bin."

Wendy scharrte wortlos mit der Schuhspitze im Kies. Das Gefühl kannte sie.

Tom wandte sich wieder seinem Motorrad zu und murmelte entschieden: „Motorradfahren ist besser als Simsen." Und dann leise: „Rosenborg ist besser."

„Ich würde am liebsten gar nicht mehr weg", rutschte es Wendy heraus. Aber hatte sie darauf wirklich Einfluss? Eher nicht.

Außerdem hatte sie andere Probleme. Sie knuffte Tom noch einmal freundschaftlich und trollte sich zu Dixie in den Stall.

Der Schecke lag schon im frisch aufgeschütteten Stroh und döste friedlich vor sich hin. Als Wendy die Box betrat, hob er leicht den Kopf und wieherte. Wendy breitete ihre Decke aus und legte sich neben Dixie. Er war warm, und er roch gut. Wendy kuschelte sich an ihn und kraulte ihm den Bauch. Dixie grunzte behaglich.

„Wo bist du nur gewesen? Und was hast du nur gemacht?" Eine geschlagene Stunde hatte Wendy gebraucht, um den Dreck aus Dixies Fell zu bekommen. Nun glänzte er wie auf einer Preisschau – hatte Oma

Herta gesagt. Es musste auf jeden Fall ein Abenteuer gewesen sein. „Brauchst du so was von Zeit zu Zeit?"

Dixie drehte sich auf den Rücken. Etwas mehr rechts kraulen ... ja, genau da! Dixie entfuhr ein wohliger Seufzer.

Wendy dachte nach. Im Grunde war es nicht schlimm, wenn Dixie ab und zu ausbüxte. Wenn er nur wieder zurückkam. Wendy legte die Stirn in Falten. Natürlich war Dixies kleiner Ausflug wieder ein Grund für ihren Vater gewesen, sein Lieblingsthema „Unzuverlässigkeit" anzusprechen. Wendy hatte sich einen Vortrag anhören müssen, wie sinnlos es war, ein Pferd mit einem so offensichtlichen Freiheitsdrang zu einem vertrauensvollen Partner erziehen zu wollen. Warum mussten Erwachsene eigentlich immer irgendwen erziehen? Konnten sie einen nicht einfach mal so lassen, wie man war?

„Völlig verwildert", hatte ihr Vater gesagt. Wendy wünschte sich, sie wäre auch völlig verwildert. Im Geiste sah sie sich mit Dixie durch ein fantastisches Land streifen, ganz auf sich gestellt, mit Pfeil und Bogen bewaffnet, in Felle gekleidet und gemeinsam gegen unheimliche Kreaturen kämpfend. Natürlich wurde Dixie mit allen fertig. Sogar mit solchen in Mammutgröße.

„Du würdest mich verteidigen, oder?" Wendy schaute Dixie prüfend an.

Dixie öffnete ein Auge und rieb sich an Wendy. Wendy grinste und kraulte ihn. Aber sie wurde sehr schnell wieder ernst. Sie würde Dixie, ohne zu zögern, ihr Leben anvertrauen. Warum wollte ihr Vater das nicht verstehen? Und was, bitte, konnte sie tun, um ihn zu überzeugen?

Wendy gähnte. Kurz bevor sie in den Schlaf hinüberdämmerte, hatte sie eine Idee: ein Programm. Das war es! Ein Programm mit allen Tricks, die Dixie konnte. Das war streng genommen kein Reiten. Also konnte er ihr nicht vorwerfen, dass sie sich seinen Anweisungen widersetzte. Aber würde das genügen?

Wendy geht aufs Ganze

Am nächsten Morgen saß Wendy mit Stroh in den Haaren beim Frühstück und rutschte nervös auf ihrem Stuhl hin und her. Sie wartete auf eine günstige Gelegenheit, Oma Herta in ihren Plan einzuweihen. Aber Oma Herta sah nicht gut aus. Sie hatte verdächtig rote Augen.

Als Wendy ihre Oma später in der Küche fragte, was denn los sei, machte die auf tapfer. Es sei gar nichts. Im Gegenteil, das Angebot von Ulrike Imhof sei total fair. Sie hätte Wohnrecht für fünf Jahre, und vom Kaufpreis bliebe sogar noch genug übrig, um ein Altersheim zu zahlen. Sie sei froh, dass Wendys Vater so gute Konditionen herausgehandelt hätte. Allein hätte sie das nicht geschafft.

Damit war Wendys kleine Hoffnung erst mal verpufft.

Sie führte Dixie auf die Weide und ließ sie laufen. Altersheim. Oma Herta in einem Altersheim. Die Vorstellung wollte einfach nicht in Wendys Kopf. Womöglich waren da Latzhosen verboten. Und „Schwein“ durfte sie sicherlich auch nicht mitnehmen. Aber immerhin gab es fünf Jahre Gnadenfrist. In fünf Jahren würde ihr schon etwas einfallen.

Wendy schaute zurück auf Rosenborg. Ulrike Imhof hatte von Abreißen gesprochen, hatte ihre Oma erzählt. Ganz sicher musste die alte Linde als Erste dran glauben. Wendy schüttelte sich wie ein Fohlen. Weg mit solchen Gedanken. Alles der Reihe nach. Jetzt gab es Wichtigeres zu tun. Sie mussten trainieren. Sie hatte eine kleine Chance, und Wendy war fest entschlossen, sie zu nutzen.

Sie und Dixie übten den ganzen Tag.

„Wollten wir uns nicht auf die Wiese *legen*?“ Mücke sah enttäuscht zu Vanessa hinüber. Unter einem romantischen Picknick hatte er sich etwas anderes vorgestellt, als mit einem Feldstecher in der Hand durchs Gras zu robben. Und wieso mussten sie dazu bis nach Rosenborg fahren? Was sollte das Ganze überhaupt?

Bevor er fragen konnte, gab es ein sehr bestimmtes „Schscht" von Vanessa. Sie schaute konzentriert zur Pferdeweide hinüber und reichte dann den Feldstecher an Mücke weiter. „So, jetzt sag mir mal genau, was du da siehst, Mücke."

Mücke guckte folgsam durch den Feldstecher. „Ey, voll süß. Der kann Sitz machen. Wie der Olaf. Wenn er will." Mücke hatte Wendy und Dixie entdeckt, die auf der Weide an ihrem Programm arbeiteten.

„Noch etwas genauer, Mücke!" Vanessas Stimme war zuckersüß.

Mücke guckte noch mal. „Heilige Scheiße! Das ist das Pferd, das meinen Vater getreten hat", entfuhr es ihm.

Für diese Feststellung bekam Mücke einen Blick von Vanessa, von dem er noch lange träumen sollte.

„Danke, Mücke. Du bist ein Schatz!" Damit stand Vanessa auf, rückte ihren Rock gerade und nahm Kurs auf die Weide.

Hatte sie das wirklich gesagt, zu ihm, Mücke? Nur für einmal durch den Feldstecher gucken? War es wirklich so einfach?

„Vanessa?" Aber Vanessa marschierte auf die Weide zu. Mücke sprang auf und folgte ihr.

„Super Turnierpferd, Wendy. Für was trainiert ihr denn? Für 'ne Vorführung im Kindergarten?" Wendy fuhr herum, als sie Vanessas Stimme hörte.

„Das geht dich eigentlich nichts an, Vanessa." Wendy ahnte nichts Gutes.

Dixie machte gerade Sitz und wartete auf Äpfelchen. Als er keins bekam, stand er beleidigt auf.

Vanessa genoss die Situation. Konnte schon sein, dass es sie persönlich nichts anging, was Wendy mit diesem merkwürdigen Pferd machte, erklärte sie. Aber vielleicht Mückes Vater? Und dann drehte sie sich zu Mücke um und bedachte ihn mit einem langen, tiefen Blick unter seidigen Wimpern. „Mücke-Schatz, was meinst du, ist das das Tier, das deinen Vater so übel getreten hat?"

Das zweite Mal „Schatz" an einem Tag beschleunigte Mückes Puls beträchtlich. Wendy verschlug so viel Gemeinheit für einen Moment die Sprache. Zum Glück war Mücke nicht der Schnellste.

„Ähm ..." Mücke kniff die Augen zusammen und betrachtete Dixie.

„Nein, ist es nicht. Dixie ist lammfromm", warf Wendy mit Bestimmtheit ein.

Dafür gab es einen mitleidigen Blick von Vanessa. Sie fühlte sich ihrer Sache sehr sicher. Und wie immer, wenn sie sich überlegen fühlte, wurde ihre Stimme ziemlich bitchy: „So? Meinst du? Weißt du, was ich meine? Du hast ein Pferd gestohlen. Ein gemeingefährliches noch dazu. Das endet als Salami. Das garantier ich dir." Noch ein kurzes Wimperngeklimper zu Mücke: „Mücke-Schatz, das ist doch das Pferd, oder?"

Mücke lächelte grenzdebil. Das dritte „Schatz" war etwas viel für ihn.

Wendy schaute Mücke fest an, obwohl sie Tränen in den Augen hatte. „Er ist mein Freund!"

Mücke schaute Dixie an, dann Wendy. Er mochte nicht der Hellste sein, aber er hatte Herz.

„Ne, das isses nicht", sagte er.

Vanessa drehte sich sehr langsam zu Mücke um. „Mücke, nur zu deiner Info: Wenn du jetzt kneifst, brauchst du nie wieder angeschissen kommen. Auch nicht mit deinem blöden Bike."

Mücke schaute Wendy an, dann Vanessa. Das „Schatz" verblasste. Mücke dachte an Olaf. Er wusste, was ein Freund war.

„Also ne, du, Vanessa, das Vieh, das meinen Vater

getrеten hat, war viel größer und stärker. Sonst hätte ich's ja gefangen.''

Ein paar Sekunden lang sagte niemand etwas.

„Blöder Arsch!'' Vanessa machte auf dem Absatz kehrt und rauschte ab, ohne Mücke auch nur eines Blickes zu würdigen.

Mücke schaute Wendy an, zuckte etwas hilflos die Achseln und rannte dann hinter Vanessa her. Wendys leises „Danke'' hörte er nur noch undeutlich. „Vanessa, warte, du kannst doch nicht den ganzen Weg laufen, ich fahr dich zurück.''

Vanessa hielt tatsächlich an und drehte sich um. Aber nur, um mit zuckersüßem Lächeln ihr Handy zu zücken. Sie schaute Wendy unverwandt an und tippte dann sehr demonstrativ eine Nummer ein. Wendy begriff sofort, wen sie da anrief.

Wendy wartete keine Sekunde. Sie rannte los. Wie lange würde es dauern, bis der Metzger hier auftauchte? Eine Stunde, zwei? Sie hätte zwar gern noch an ihrer Nummer gefeilt, aber egal, dann musste es eben jetzt sein. Sie musste ihren Vater jetzt überzeugen. Sofort!

Wendy stürzte ins Wohnhaus. Leer.

Wo war Oma Herta? Wo waren ihre Eltern? Typisch Erwachsene: Wenn man sie mal wirklich brauchte, waren sie nicht da.

Wendy rannte weiter, suchte den ganzen Hof ab. Rosenborg war wie ausgestorben. Und dann hörte sie es: entferntes Motorengeräusch, wie das Brummen einer wütenden Biene. Und dann ein lautes Krachen. Hühnergackern. Wendy rannte in Richtung des Lärms. Richtung Heuschober.

Schon von Weitem sah sie ihre Eltern und hörte ein empörtes „Mutter!". Das war ihr Vater. Nicht gut. Und dann sah sie es: Tom hatte es geschafft, das Motorrad im Heuschober zu versenken. Warum jetzt? Warum ausgerechnet jetzt?

Wendy bemühte sich, innerlich Ruhe zu bewahren. Was nicht leicht war, schließlich waren die anderen alles andere als ruhig. Tom saß auf dem Küchentisch und versuchte seinen Eltern zu erklären, dass er es definitiv im Blut habe!

Seinen Vater interessierte das offenbar herzlich wenig. Er machte Oma Herta Vorwürfe: „Da verbiete ich meiner Tochter, dieses verrückte Pferd zu reiten, und du hast nichts Besseres zu tun, als meinen Sohn mit noch mehr PS umzubringen!"

Oma Herta stand ziemlich bedröppelt da, mit Federn und Heu in den Haaren, und schenkte sich auf den Schreck erst mal ein Schnäpschen ein. „Jetzt stell dich doch nicht so an. Wann hast du denn Motorradfahren gelernt?"

Heike Thorsteeg bat ihren Sohn, nicht so zu zappeln. Sie verarztete eine ziemlich lange blutige Schramme, die ihm vom Ohr quer über die Stirn reichte.

„Sieht verwegen aus", raunte Wendy ihrem Bruder anerkennend zu.

Tom bestätigte per Handzeichen: Daumen hoch.

„Mit achtzehn, wie es sich gehört", beantwortete sein Vater die Frage von Oma Herta.

Die seufzte: „Wir sind mal wieder päpstlicher als der Papst, was?" Oma Herta fand allmählich ihre alte Form wieder. „Offiziell mag es ja mit achtzehn gewesen sein, mein lieber Sohn, aber heimlich war es mit zwölf." Oma Herta schüttelte den Kopf. „Tss ... meinst du etwa, der Gerhardt hat mir das nicht erzählt?" Oma Herta schüttete sich noch ein Pinnchen ein und bot es gedankenverloren Tom an.

Dafür erntete sie einen entsetzten Blick von ihrer Schwiegertochter und ein weiteres mahnendes „Mutter!" von ihrem Sohn.

Oma Herta kippte den Schnaps kurzerhand selbst runter. Und wandte sich an Wendy: „Dein Vater hat ja auch NIE Alkohol getrunken, als er jung war. Nicht mal mit seinen Kumpels auf der Tenne."

Diese Enthüllung entlockte Gunnar Thorsteeg noch ein Räuspern, und seine Frau unterdrückte ein Grinsen.

Tom sperrte den Mund auf. „Ach, echt jetzt?"

Die Jugendsünden seines Vaters mochten ja für Tom ein spannendes Thema sein, aber Wendy hatte ganz andere Probleme. Konnte ihr bitte mal jemand zuhören! „Leute, hallo ...!" Wendy war schon ganz zappelig, sie zupfte ihre Oma am Ärmel. „Oma, wir müssen es Papa zeigen. Jetzt! Er kommt wieder!"

Oma Herta begriff sofort, dass Wendy mit „er" nicht den Osterhasen meinte. Sie riss die Augen auf und stellte die Flasche weg. Wendys Vater hingegen begriff nicht. „MUTTER?!"

Ui, das klang nun aber doch sehr streng. Oma Herta seufzte: „Wieso denn immer ‚Mutter'? Die Frau kenn ich gar nicht."

Wendy begriff, dass dies der falsche Moment war. Aber hatte Opa Gerhardt nicht immer gesagt: Wenn es keinen guten Moment gibt im Leben, muss man die schlechten für sich nutzen ... oder so ähnlich? Es musste jetzt sein. Wendy holte tief Luft: „Kann mir mal bitte jemand zuhören, Leute? ZUHÖREN!"

Noch nie war Mücke so unglücklich gewesen. Wie ein geprügelter Hund schlich er über den Marktplatz von Waldneuburg. Er erreichte die Eisdiele wie ein Schiffbrüchiger das Festland, nur um dann feststellen zu müssen, dass heute nicht mal das Schokoladeneis mit extraviel Garnitur half.

Als Bianca vorbeikam und ihn vor einem See brauner Soße sitzen sah, wusste sie, was passiert war. „Sag nicht, es ist wegen Vanessa."

Mücke schob ihr den Eisbecher hin, dass das flüssige Eis nur so schwappte. Er nickte. „Ich bin so ein Idiot." Auf Biancas vorsichtiges Drängen erzählte er, was passiert war. Erst dreimal „Schatz" und dann, dann musste er den größten Fehler seines Lebens begehen.

Bianca staunte: „Du hast für Wendy gelogen?"

Mücke nickte noch mal und nahm aus lauter

Verzweiflung einen großen Schluck Schokoladenpampe.

Bianca wusste, was es bedeutete, sich gegen Vanessa zu stellen. Damit war Mücke für Vanessa gestorben. „Ich wollte, ich wäre einmal so mutig", sagte sie.

Mücke schaute auf. Meinte Bianca ernsthaft mutig, nicht etwa himmelhochgrottentief dämlich? Nein, sie meinte tatsächlich mutig.

„Ohne Rücksicht auf den eigenen Vorteil für einen Freund einzustehen, schafft nicht jeder", fuhr sie fort.

Mücke stierte nachdenklich in seinen See aus Schokoladeneis. „Mutig?" Ein kleines Lächeln huschte über sein Gesicht. Aber dann verfinsterte es sich wieder. „Kann schon sein, war aber leider ziemlich zwecklos."

„Wieso das?", wollte Bianca wissen.

Mücke erklärte, dass Vanessa seinen Opa angerufen habe. Es sei nur eine Frage der Zeit, bis der auf Rosenborg auftauchen würde. Mücke schloss mit einem trübsinnigen: „Da kann man nichts mehr tun."

Bianca stand entschlossen auf. „Man kann immer etwas tun!" Damit nahm sie kurz entschlossen Mückes Hand und zog ihn mit sich. Zu zweit mutig sein war schon ein bisschen leichter.

Auf Wendys Drängen war die familiäre Diskussion zum Thema Jugendschutz schließlich vertagt worden. Alle hatten sich gespannt auf dem Reitplatz eingefunden.

Aber der Moment war tatsächlich mehr als schlecht gewählt. Wendys Vater war überhaupt nicht nach einer Zirkusvorführung zumute. Und es überzeugte ihn auch nicht, dass Dixie auf Kommando Sitz machen und apportieren konnte.

Damit war die Sache für ihn erledigt.

Für Wendy noch nicht. Wenn ihr Vater ihr keine Wahl ließ, dann würde sie eben aufs Ganze gehen. Dann würde sie vorreiten.

Während ihre Oma noch mal versuchte, „schön Wetter zu machen", und sich aufrichtig für ihr Fehlverhalten mit dem Motorradunterricht entschuldigte, sattelte Wendy heimlich Dixie. Nur Minuten später stand sie wieder in der Reitbahn.

Aber die Laune ihres Vaters war an diesem Tag wirklich nicht mehr zu retten. Kaum sah er Sattel und Trense an diesem „Ausbund an Unzuverlässigkeit", da wurde er gleich wieder wütend.

Hatte Wendy etwa heimlich trainiert?

Hatte sie etwa ihr Wort nicht gehalten?

Ja, irgendwie hatte Wendy genau diese Reaktion kommen sehen. Aber jetzt reichte es ihr.

Wendy explodierte. „Verdammt, Papa! Wie soll ich denn den Beweis antreten, dass Dixie reitbar ist, wenn ich ihn gar nicht reiten DARF?!", schrie sie ihn an. „Was soll das sein? Erwachsenenlogik oder das Recht des Stärkeren?" Wendy war außer sich. „Du bist so was von gemein und ... unfair!" So hatte Wendy noch nie mit ihrem Vater gesprochen. Aber sie war auch noch nie so wütend und verzweifelt gewesen. „Was hast du denn eigentlich gegen ein Zirkuspferd?" Wendy merkte, wie ihre Stimme gegen ihren Willen anfing zu zittern. „Ist er dir peinlich? Weil er nicht so funktioniert wie deine anderen Pferde?" Wendy wurde plötzlich ganz ruhig und sehr, sehr traurig: „Bin ich dir auch peinlich, weil ich nicht mehr funktioniere? Weil ich keine Turniere mehr reiten will?"

Ihr Vater sagte nichts. So hatte er seine Tochter noch nie erlebt. Er verzog keine Miene.

Wendy gab die Hoffnung auf. Sie sah es in seinen Augen. Es nützte nichts. Sie hatte verloren.

Ausgerechnet in diesem Moment bog Vanessa auf Tornado um die Ecke. Sie lächelte falsch in die Runde.

Hinter ihr tuckerte der Metzgerwagen auf die kleine Gruppe zu.

Wendys Vater schien fast froh über die Ablenkung zu sein. Er begrüßte Vanessa freundlich: „Vanessa, was machst du denn hier?"

Vanessa schaute Wendy an, während sie mit ihrem Vater sprach: „Ich wollte nichts verpassen." Sie ritt näher zu Wendy. „Und auf keinen Fall dein Gesicht."

Das reichte.

Wendy brauchte keine Sekunde, da saß sie auch schon auf Dixies Rücken.

Vanessa wandte sich zuckersüß an den Metzger, der soeben ausgestiegen war, und flötete: „Und, ist das Ihr Pferd, Herr Röttgers?"

Wendys Vater, der dem Metzger die Hand schütteln wollte, stoppte mitten in der Bewegung. Er schaute erst den Metzger an, dann Wendy, die Hand in der Luft ausgestreckt.

Röttgers sah Dixie und polterte los: „Ja, brat mir einer 'nen Storch. Das ist das Biest, das mein Knie ruiniert hat. Eindeutig!"

Das war genug! Wendy gab Dixie die Fersen. Dixie bäumte sich auf und galoppierte los.

Tom schaute seiner kleinen Schwester bewundernd nach und murmelte: „Kaltstart – wow!"

Gunnar Thorsteeg konnte sich gerade noch mit einem Satz rückwärts in Sicherheit bringen und brüllte: „Wendy, komm da runter!"

Als ob das noch funktioniert hätte, bei dem Tempo.

Tornado stieg erschrocken, als Dixie haarscharf an ihm vorbeipreschte.

Wendy rief Vanessa zu: „Wir beide sprechen uns noch!"

Mit einem „Kannst du haben!" riss Vanessa Tornado herum und setzte Wendy nach.

Oma Herta sah es als Erste: Auf dem Weg war kein Platz für den Metzgerwagen und zwei Pferde. Sie schlug die Hand vor die Augen.

Wendy nahm Kurs auf das Gatter.

Das Kommando ihres Vaters, „Stopp!", verhallte im Nirgendwo. Wendy sah und hörte nichts mehr.

Da waren nur noch Dixies Herzschlag, das Donnern der Hufe auf dem Weg und das Gatter. Mit einem einzigen großen Satz flogen sie darüber, landeten auf der Wiese und nahmen Kurs auf den Wald.

Vanessa nahm auf dem Weg die Verfolgung auf.

Gefangen im Moor

Wie eine grüne Wand tauchte der Wald vor Wendy und Dixie auf. Als sie durch das Unterholz brachen, kniff Wendy die Augen zusammen. Zweige peitschten ihr ins Gesicht. Licht und Schatten wechselten so schnell, dass sie das Gefühl hatte, in ein Blitzlichtgewitter geraten zu sein.

Allmählich gewöhnten sich ihre Augen an das Wechselspiel aus Licht und Schatten. Hinter sich hörte sie jemanden schreien. Tornado schien offenbar wild entschlossen, Dixie einzuholen, und zwar ebenfalls querfeldein. Auch wenn Vanessa anderer Meinung zu sein schien und umsonst kommandierte: „Nach rechts, auf den Weg. Du stures Biest, willst du wohl!"

Wendy wagte einen Blick zurück.

Nur knapp eine Pferdelänge hinter sich erkannte sie Tornado. Den Kopf nach vorn gestreckt, biss er auf die Trense und war für keine Hilfen mehr zugänglich. Vanessa hatte die Zügel verloren und hing mehr auf seinem Rücken, als dass sie ritt.

Der Wald wurde lichter, die Sonne brach durch. Sie stand schon ziemlich tief am Himmel. Wendy sah nichts mehr. Aber das war egal. Sie verließ sich ganz auf Dixie. Und der wurde aus irgendeinem Grund langsamer. Etwas stimmte nicht. Wendy konnte es fühlen.

Das Moor!, schoss es Wendy durch den Kopf. Hinter dem Wald kommt das Moor!

Noch bevor Wendy Dixie zum Schritt durchparieren konnte, hatte dieser schon gestoppt und stand still.

Nicht so Tornado. Der war offenbar im Rausch der Geschwindigkeit gefangen und dachte nicht daran, zu stoppen. Er donnerte an Dixie vorbei, die hilflose Vanessa auf seinem Rücken.

Mitten ins Moor.

Wendy war von dem wilden Ritt noch zu sehr außer Atem, um ihr eine Warnung zuzurufen. Es reichte nur für ein schwaches, an Dixie gerichtetes „Los, weiter“. Sie trieb Dixie an, der sich sträubte und stieg.

„Wir müssen sie stoppen!", bat Wendy ihren Schecken eindringlich.

Unter normalen Umständen wäre Wendy niemals ins Moor geritten. Hier war kein Laut zu hören. Kein Vogel sang. Und obwohl die Sommersonne noch am Himmel stand, schien es hier eigenartig kalt zu sein. Der Boden war absolut trügerisch. Was in einem Moment aussah wie harmlose Wiese, wurde im nächsten Augenblick zu schlammig-zähem Morast, der jedes Vorwärtskommen unmöglich machte. Mittendrin gab es Inseln aus Wollgras, hier und da sogar einen Busch. Aber verlassen konnte man sich auf diese Wegmarken keinesfalls. Direkt neben ihnen konnte man auf schwimmende Torfschollen treten, die umschlugen und einen unter sich begruben. Besonders heimtückisch waren die Moorlöcher. Unter einem saftig grünen Algenteppich, der entfernt an Rasen erinnerte, lauerte bodenloser Schlamm. Einmal eingesunken, sank man mit jeder Bewegung tiefer und tiefer.

Nur mit äußerstem Widerwillen folgte Dixie Tornados Spur. Wendy wusste, was sie ihrem Freund abverlangte, sie verstieß gegen Dixies Urinstinkte. Aber wenn Vanessa etwas zustieß, war das ein klein bisschen auch

Wendys Schuld. Tornado war anscheinend durch nichts zu bremsen. Längst war er ihren Blicken entschwunden.

Plötzlich zerriss ein schrilles Wiehern die Stille des Moores.

Dann folgte ein lang gezogener, angsterfüllter Schrei. In einiger Entfernung konnte Wendy Tornado sehen, der bis weit über die Fesseln hilflos im Morast stapfte, einsank, sich in Panik auf der Hinterhand herumwarf und endlich festen Boden unter die Hufe bekam. Vanessa landete bei diesem Wendemanöver im hohen Bogen auf dem Boden. Sie fiel auf sattes Grün ... und sank ein.

Ein Moorloch!

Wendy hielt an. Tornado kam an ihr vorbei, zu schnell, um nach dem Zügel zu greifen, und war auf und davon.

Im Moorloch schlug Vanessa in Panik um sich. Sie steckte schon bis zur Hüfte im Matsch. „Wendy, hilf mir. Zieh mich raus. Zieh mich raus!"

Wendy schaute sich um. Da war ein Weidenbusch in der Nähe. Darunter lagen einige abgebrochene Zweige. „Ich denk gar nicht dran. Geschieht dir nur recht! Du Ratte." Wendy spürte, wie etwas in ihr ganz hart wurde. „Du wolltest Dixie umbringen lassen."

Vanessa heulte los. „Nein, wollte ich nicht. Ich wollte dir nur einen Schreck einjagen. Ich wollte ihn dem Metzger abkaufen. Ich wollte ihn für mich haben. Ich war eifersüchtig. Ich schwöre es!"

Wendy überlegte: Konnte sie Vanessa wirklich trauen? Vanessa sank tiefer. Wendy atmete durch. Darauf würde sie jetzt ohnehin keine Antwort finden. Sie griff nach einem Weidenast. „Hier, halt dich fest und hör auf, so ein Theater zu machen."

Wendy kam näher und streckte Vanessa den Ast entgegen. Vanessa griff in Panik nach dem Ast und zerrte daran.

Mit einem stumpfen Geräusch brach der Ast mittendurch.

Wendy verlor den Halt.

Strauchelte.

Ruderte mit den Armen.

Dixie wieherte voller Sorge.

Aber da lag Wendy schon neben Vanessa im Schlamm. Noch war sie nicht wirklich tief eingesunken. Sie bekam ein Grasbüschel zu fassen. Doch leider bekam Vanessa im gleichen Moment Wendy zu fassen und klammerte sich an sie.

„Lass los, du ziehst uns beide rein!", schrie Wendy.

Vanessa war überhaupt nicht mehr zurechnungsfähig. Ihre Stimme überschlug sich: „Ich hab keinen Grund unter den Füßen, ich hab keinen Grund unter den Füßen."

In ihrer verzweifelten Bemühung, dem Moor zu entkommen, zog Vanessa Wendy nur noch tiefer mit hinein. Wendy spürte, wie der Schlamm in ihre Reitstiefel quoll, ihre Hose durchtränkte und sie tiefer zog. Bis sie wie Vanessa bis zur Brust bewegungsunfähig im Moorloch steckte. Nur noch ihre Arme konnte sie bewegen. Mit denen packte sie Vanessa an der Schulter und schüttelte sie kräftig, soweit das im Schlamm möglich war. „Halt die Klappe. Lass los! Und halt endlich still!!"

Vanessa gehorchte und ließ von Wendy ab. Mit schreckgeweiteten Augen schaute sie sie an. „Wir werden hier sterben, wenn uns keiner findet."

Wendy schnaubte: „Du bist echt 'ne Dramaqueen!"

Wendy bekam ein großes Grasbüschel zu packen und hielt sich daran fest. Sie zog sich näher ans Ufer. Einen Zentimeter, zwei Zentimeter.

„Ist doch bloß 'ne Pfütze", versuchte sie, Vanessa zu beruhigen.

Der Schlamm gluckste widerstrebend. Und dann riss das Grasbüschel ab. Mit einem schmatzenden Geräusch rutschte Wendy zurück in die Ausgangsposition.

Vor ihrem inneren Auge tauchte das Bild ihres Großvaters auf, sein dramatisch gereckter Zeigefinger und seine Aufzählung, was das Moor schon alles verschluckt hatte. „Ganze Trecker, sag ich dir. Ganze Trecker." Sie beschloss, diese Erinnerung nicht mit Vanessa zu teilen. Vanessas Schultern bebten verdächtig.

Die Sonne berührte den Horizont. Was sollten sie jetzt tun?

Auf Rosenborg ahnte niemand etwas vom Schicksal der Mädchen. Eigentlich hatte es Gunnar Thorsteeg eilig gehabt, hinter Wendy herzukommen. Doch erst mal sah er sich genötigt, seine Tochter gegen die Anschuldigungen des Metzgers zu verteidigen.

„Also wirklich, mir geht es nicht ums Geld, Herta. Deine vierhundert Kröten kannst du stecken lassen. Das geht hier um meine Ehre!", beteuerte Röttgers zum x-ten Mal und klopfte sich auf den Gips.

Oma Herta rollte mit den Augen. „Klaus, mal ehrlich, die Ehre eines Metzgers." Sie kramte umständlich einige total zerknitterte Geldscheine aus den Taschen ihrer Latzhose sowie Kleingeld und Knöpfe und drückte das alles dem Metzger in die Hand.

Röttgers wandte sich an Wendys Vater: „Zum letzten Mal, ich will den Gaul. Sonst erstatte ich Anzeige. So eine missratene, kleine Göre."

Aber da kannte er Gunnar Thorsteeg schlecht. Der kam jetzt so richtig in Fahrt: „Vorsicht, Sie reden da grad von MEINER Tochter. Und ich bin sicher, MEINE Tochter hatte gute Gründe für das, was sie getan hat."

Heike Thorsteeg nickte bestätigend, und Wendys Vater fuhr fort: „Wer ein Pferd so schlecht behandelt, verdient es nicht. Und Sie können froh sein, dass ich nicht SIE anzeige. Wegen Verstoßes gegen das Tierschutzgesetz."

Heike Thorsteeg war so erleichtert über den Richtungswechsel ihres Mannes, dass sie ihm einen Kuss gab.

Hufgetrappel in der Auffahrt ließ alle herumfahren.

„Gott sei Dank." Wendys Mutter atmete auf.

Doch sie hatte sich zu früh gefreut. In der Auffahrt erschien nicht Wendy, sondern Ulrike Imhof. Heike Thorsteegs Lächeln fror ein. Die hatte ihr gerade noch gefehlt.

Oma Herta deutete den Gesichtsausdruck ihrer Schwiegertochter richtig: „Und mir erst!", raunte sie.

Ulrike Imhof war guter Dinge. „Guten Abend allerseits ... Kann es sein, dass ich vorhin meine Tochter hierher habe reiten sehen?"

Das erinnerte Gunnar Thorsteeg an etwas. „Ja, aber sie und Wendy sind grade vom Hof. Und ich muss da jetzt hinterher, sonst passiert noch was. Alles Weitere klären wir dann noch."

Ulrike Imhof schien etwas verstimmt. „Ich dachte, wo ich einmal hier bin, könnten wir den Kaufvertrag für den Hof endlich unterzeichnen."

Jetzt sprang Wendys Mutter in die Bresche und erklärte, man sei noch mitten in der Entscheidungsfindung. Die beiden Frauen maßen sich mit Blicken.

Röttgers grummelte weiter: „Wenn ich mein Tier nicht krieg, erstatte ich Anzeige."

Ulrike Imhof guckte irritiert. Was war denn hier los?

Gunnar Thorsteeg funkelte Metzger Röttgers wütend an: „Wenn Sie meine Tochter anzeigen, dann zeige ich Sie wegen Tierquälerei an. Mal ehrlich, Herr Röttgers, das hatten wir doch alles schon mal."

Ulrike Imhofs Handy klingelte. Ungehalten über diese

Störung nahm sie das Gespräch an und raunzte in den Hörer: „Imhof, was ist denn?"

Dann sagte sie erst mal nichts mehr und hörte nur zu. Dabei veränderte sich ganz allmählich ihre sonst sehr gesunde Gesichtsfarbe zu einem durchscheinenden Weiß. „Welches Pferd? ... Tornado! ... Zurück auf dem Hof? ... Ohne Vanessa ... Aus dem Moor ... Ganz sicher aus dem Moor?"

Ulrike Imhof ließ das Handy sinken und schaute in die Runde.

Alle blickten sich alarmiert an.

Nur der Metzger, der offenbar gegen menschliche Katastrophen immun war, polterte: „Wenn mein Gaul im Moor absäuft, will ich mein Geld trotzdem!"

Totenstille lag über dem Moor. Kein Wind, kein Laut, nichts regte sich. Erste Abendnebel stiegen aus dem feuchten Boden empor.

Wendy steckte immer noch bis zur Brust im Schlamm, der sie unbarmherzig festhielt. Es wurde kalt. Wendy fror. Neben ihr wimmerte Vanessa leise mit klappernden Zähnen – was sich lustig angehört hätte, wenn die Situation nicht so verzweifelt gewesen wäre.

Ich hatte dich gewarnt. Sie ist gefährlich.

Wendy schaute auf. Dixie stand auf sicherem Grund ganz in der Nähe des Moorlochs und wartete.

„Nein, ist er nicht, verdammt noch mal. Er ist unsere Rettung!"

„Was denn?", jammerte Vanessa. „Ich hab doch gar nichts gesagt."

Ach, stimmt. Wendy seufzte, sie war ja nicht allein hier.

Vanessas Wimmern steigerte sich zusammen mit dem Zähneklappern. „Ich hab's gesagt. Ich hab's gesagt, wir kommen hier nie wieder raus. Bis die uns finden, sind wir erfroren. In einer Stunde ist es stockdunkel, dann kommt sowieso keiner mehr. Und morgen früh finden sie unsere Leichen. Ich will nicht st...st...sterben. Ich bin ... doch ... noch s...s...so... jung." Vanessa stotterte und zog bei jedem Wort mit einem merkwürdig fiependen Geräusch die Luft ein.

„Vanessa, was hast du?" Wendy packte Vanessa an der Schulter.

„Ich ... krieg ... keine ... Luft mehr."

Ja, das sah Wendy auch. Aber warum nicht? Ihr Kopf war doch eindeutig über Wasser beziehungsweise über dem Schlamm.

„Und wieso, bitte, kriegst du keine Luft mehr?"

Fiepen … Fiepen und dann: „Ich hab stressindiziertes Asthma."

Wendy verdrehte die Augen – auch das noch. Sie nahm Vanessas Gesicht in beide Hände. Es war feucht und kalt. „Vanessa, schau mich an. Schau mich an. Ganz ruhig atmen, ein, aus, ein, aus … immer schön in die Tüte."

Sie hatte zwar gerade keine Tüte zur Hand, aber allein die Vorstellung, in eine Tüte zu pusten, schien Vanessa schon zu helfen. Ihr Atem wurde ruhiger, flüssiger.

„Okay, pass auf. Ich weiß was. Du musst mich schieben. Meinst du, du kannst das?"

Vanessa nickte. Überzeugend wirkte es nicht.

Wendy pfiff Dixie heran. „Dixie, komm her. Bei Fuß … etwas näher … noch einen Schritt … noch einen kleinen. Stopp."

Dixie stand nun gefährlich nah an der schlammigen Kante zum Moorloch. Wenn er jetzt ins Rutschen kam, würde er auf die Mädchen fallen.

„Der – *leises Fiepen* – rutscht gleich – *leises Fiepen* – auf uns drauf."

„Ja, danke, Vanessa, da wäre ich nicht draufgekommen."

Wendy zwang sich zur Ruhe. Sie streckte die Hand nach Dixie aus.

„Schau her, Möhrchen. Lecker Möhrchen."

Dixie schaute auf die Handfläche, sah, dass sie leer war, und senkte netterweise trotzdem den Hals. Die Zügel rutschten Richtung Ohren. Wendy hielt den Atem an.

„Jetzt schieb mich! Vanessa! Schieb mich."

Dazu musste Vanessa mit den Armen in den Matsch abtauchen. Sie fing an zu zetern: „Wie denn? Wo denn?"

Wendy biss die Zähne zusammen. „Irgendwie!"

Vanessa versuchte, Wendy Richtung Pferd zu drücken. Dabei sank sie aber selbst tiefer ein.

Wendy streckte sich. Sie schaffte es, die Zügel zu greifen. Dixie schien zu begreifen, stemmte die Vorderhufe in den Boden und hob den Kopf.

Da rutschte ihm die Westerntrense über die Ohren. Wendy versank wieder im Schlamm, die Zügel noch in der Hand.

Vanessa heulte los. „Scheiße. Wer reitet denn auch mit einer Hackamore-Trense ohne Kehlriemen. Das rutscht doch. Ich wusste es. Wir sterben hier. Wir sterben hier ganz sicher."

Wendy platzte der Kragen! Sie schrie Vanessa an: „Mann, halt endlich die Klappe. Du weißt immer alles besser, aber im Grunde bist du 'ne Dummtorte. Du hast nicht den blassesten Dunst von Pferden."

Vanessa heulte laut auf: „Schrei mich nicht an."

„Und ob, dann wird mir wenigstens warm", konterte Wendy.

„Wir werden erfrieren. Alles nur wegen dieser blöden Biester. Ich hasse Pferde." Vanessa schluchzte hemmungslos.

„Und warum reitest du dann überhaupt?"

Vanessa bekam einen Weinkrampf. „Wegen meiner Mutter. Nur wegen meiner Mutter. In der Schule bin ich sitzen geblieben. Wenn ich das Springturnier im Herbst nicht gewinne, brauche ich mich gar nicht mehr nach Hause trauen ... aber das ist ja jetzt eh egal."

Wendy legte den Arm um Vanessa, so gut es ging. Wie absurd war das denn, sie tröstete ihre größte Feindin?! Ach, egal. „Vanessa, ich hab jetzt grad kein Taschentuch, aber hey ... wir schaffen das."

Vanessa wischte sich die Augen mit den moorverschmierten Händen. „Ich wollte wirklich nicht, dass Dixie geschlachtet wird. Ich wollte ihn für mich. Ich habe euch zusammen gesehen, und da ... da wollte ich auch ein Pferd, das mich mag."

War es zu fassen? Wendy schüttelte innerlich den Kopf. „Da muss man selbst mit anfangen, mit dem Gernhaben, nicht das Pferd, Vanessa!"

Vanessa sah aus wie ein trauriger Pandabär, mit dem Matsch um die Augen.

Wendy gab sich Mühe, ihre Stimme fest klingen zu lassen: „Dixie holt uns hier raus. Ganz sicher. Ich weiß es."

„Wie denn?", kam es kläglich von Vanessa. „Meinst du, er läuft nach Hause und holt Hilfe her? Der ist doch nicht Lassie!"

Wendy schaute Dixie an. Irgendeinen Weg musste es geben. Dixie wieherte kehlig, schaute Wendy aufmerksam an ... und wartete.

Auf Rosenborg waren alle in heller Aufregung.

Der Metzgerwagen hatte den Hof längst verlassen. Ulrike Imhof saß nervös auf ihrem Pferd.

„Können wir dann?" Heike Thorsteeg hielt Kaltblut Max am Zügel.

Tom und Oma Herta standen startbereit neben dem

Motorrad. Oma Herta gab ordentlich Standgas, was Max zum Glück kaltließ.

Die Stimmung war angespannt. Ulrike Imhof konnte es sich nicht verkneifen, zu bemerken, dass Vanessa allein niemals ins Moor geritten wäre. Woraufhin Heike Thorsteeg betonte, dass Wendy ohne Vanessa überhaupt gar nicht erst vom Hof geritten wäre.

Gunnar Thorsteeg kam aus dem Wohnhaus und unterbrach die Kampfhennen, indem er verkündete, die Polizei sei informiert und es könne losgehen. Dann verteilte er die Touren, die jeder fahren sollte. Und ja, Oma Herta und Tom durften tatsächlich fahren. Tom als Beifahrer, wohlgemerkt. Heike Thorsteeg würde, da sie leider auch nach fünfzehn Jahren Ehe mit Gunnar immer noch nicht reiten konnte, zu Hause bleiben, für den Fall, dass die Kinder allein zurück nach Rosenborg finden sollten.

Wendys Vater saß auf. Tom sprang hinters Lenkrad und Oma Herta in den Beiwagen, mit der Bemerkung, dass man schließlich nicht unter Alkoholeinfluss fahren dürfe. Noch bevor sein Vater etwas antworten konnte, war Tom mit Vollgas vom Hof gebrettert.

Die Aktion „Rettet Wendy" war gestartet.

Im gestreckten Galopp preschte Wendys Vater Seite

an Seite mit Ulrike Imhof über die Felder Richtung Moor. Wendys Mutter saß derweil nervös auf Rosenborg, starrte auf das Telefon und merkte vor lauter Sorge nicht einmal, dass sich „Schwein" an ihren Füßen schubberte.

Tom gab Vollgas, landete mit Oma Herta aber schon nach wenigen Hundert Metern wieder im Heuhaufen. Schuld daran waren Mücke und Bianca, die genau in diesem Moment auf Mückes Bike um die Kurve bogen und ihnen entgegenkamen.

Tom spuckte Heuhalme aus, die ihm in den Mund geraten waren, während Oma Herta schnaufend das Motorrad zurück auf die Straße schob. „Also, Kurve klappt schon mal, auf grader Strecke", grummelte sie.

Mücke half Bianca, abzusteigen, nickte andächtig und verkündete: „Mann, Tom, du fährst echt wie 'ne gesenkte Sau!"

Tom grinste vor Stolz: „Ich weiß, ich hab's im Blut."

Bianca hatte es eilig. „Wo ist denn Wendy?", wollte sie wissen. „Wir müssen ihr noch etwas geben."

„Wenn wir das nur wüssten ..." Oma Hertas nachfolgende Erklärung, was in den letzten Stunden auf Rosenborg passiert war, traf Bianca und Mücke wie ein

Schlag. Wendy und Dixie waren fort, verschollen, Vanessa mit ihnen …

Mücke kramte umständlich in seinen Hosentaschen und drückte dem verdutzten Tom einen Batzen Kleingeld und mehrere Geldscheine in die Hand. Hatte er sein geliebtes Sparschwein umsonst geschlachtet?

Bianca schaute kläglich drein, sie hatte nur sieben Euro fünfzig beizusteuern. Na ja, es war immerhin eine Geste. Doch nun waren sie offensichtlich zu spät gekommen. Was nun?

„Man kann immer was tun!“, verkündete Mücke energisch, und dass er Tom auf keinen Fall im Wege stehen wolle, falls er ernsthafte Absichten bei Vanessa habe. Er selbst habe definitiv keine mehr. Und da heute offizieller Tag des Mutes zu sein schien, schnappte er bei diesen Worten Biancas Hand und ließ sie nicht mehr los. Auch nicht, als Oma Herta und Bianca sich augenrollend anschauten: „Jungs!“

Oma Herta wandte ein, dass es, statt die Mädels unter sich aufzuteilen, sinnvoller wäre, die Mädels erst einmal zu retten! Sie zeigte zum Horizont. Dort sank die Sonne immer tiefer. Viel Zeit blieb ihnen nicht mehr.

Auch Wendy und Vanessa schauten zu, wie die Sonne ihre letzten kraftlosen Strahlen über das Moor warf. Im Schlamm war es jetzt geradezu eisig. Sogar Wendy klapperten inzwischen die Zähne.

Es ist hoffnungslos.

Die Angst war wieder da. Stärker als zuvor. Und hartnäckiger. Das setzte Wendy noch mehr zu als die Kälte.

Du hast nicht auf mich gehört.

Wendy unterdrückte ein Schluchzen. Sie durfte jetzt nicht die Nerven verlieren. Es war alles gut gewesen. Und es würde wieder gut sein. Ihr musste nur etwas einfallen.

Es gibt keine Lösung. Es ist aus.

Wendy biss die Zähne zusammen. Ihr entfuhr ein Laut, der wie das verzweifelte Knurren eines gefangenen Tieres klang. Vanessa schaute sie mit großen Pandaaugen an und vergaß für einen Moment sogar, zu zittern, so unheimlich klang es.

Dixie wieherte leise. Und kam ein paar Schritte näher an das Moorloch heran.

Wendy zwang sich zur Ruhe. Sie durfte die Angst nicht gewinnen lassen. Dixie war immer noch bei ihr. Sie war nicht allein.

Wendy bemühte sich, ihre Stimme fest klingen zu lassen: „Dixie, dreh dich!" Ihre Hand beschrieb einen Kreis. So, wie sie es beim Tanzen auf der Weide geübt hatten.

Ganz langsam begann Dixie, sich um die eigene Achse zu drehen.

Vanessa kicherte hysterisch. „Was soll das werden, gymnastizieren mit dem Pferd? Damit er nicht friert?"

Doch Wendy ließ sich nicht beirren. Sie stoppte ihre Handbewegung, als Dixie mit dem Hinterteil zum Moorloch stand. Dann rief sie Dixie leise.

Dixie schien zu begreifen, was Wendy vorhatte. Er drehte sich nicht um. Er ging rückwärts auf die Mädchen zu. Langsam, tastend.

„Dixie, stopp", rief Wendy.

Dixie stand still. Sein Schweif baumelte über dem Rand des Moorlochs.

Wendy sprach ganz leise zu Vanessa, um Dixie nicht aus der Ruhe zu bringen: „Okay, ich werde jetzt versuchen, seinen Schweif zu fassen und mich daran festzuhalten."

Vanessa kicherte nervös. „Gute Idee. Dann bist DU wenigstens SOFORT tot."

Wendy schaute Vanessa verständnislos an.

„Der gibt dir doch 'nen Tritt vor die Birne!", erklärte Vanessa. „Schon vergessen, wie empfindlich die Schweifrübe ist? Hunderte von Nervensträngen, die genau da enden. Das tut doch sauweh." Vanessa nickte zustimmend: „Ne, aber mach du nur, ich verstehe das schon. Echt kein Problem für mich. Ich bin schuld an dem Scheiß hier. Ist nur fair, dass ich als Letzte sterbe. Langsam und ... "

Wendy hielt Vanessa einfach den Mund zu.

Vanessa nickte wieder. Okay, dann eben Klappe halten. Auch gut. Ihr war alles egal.

Wendy streckte die Hand aus und griff nach Dixies Schweif. Sie bekam ihn zu fassen und gab das Kommando: „Dixie, los."

Dixie stemmte die Hufe in den Boden. Wendy biss die Zähne zusammen, der Schweif rutschte ihr durch die schlammige Hand. Sie griff mit der anderen Hand nach.

„Weiter, Dixie. Zieh. Um Himmels willen: ZIEH!"

Und Dixie zog.

Glutrot ging die Sonne unter. Atemlos vom schnellen Ritt und vom ständigen Rufen zügelten Wendys Vater und Ulrike Imhof ihre Pferde. Sie hatten den Rand des

Moors abgeritten. Jeden Meter. Hatten gerufen. Hatten sich zu Fuß vorgewagt, die Pferde am Zügel. Vergeblich.

Von Ulrike Imhofs herrischem Verhalten war wenig übrig geblieben. Ihre Stimme klang ganz dünn, als sie ein letztes Mal rief: „Vanessa, Wendy, wo seid ihr?" Dann kamen ihr die Tränen. Es hatte keinen Zweck mehr. Sie konnten nicht im Dunkeln durchs Moor reiten.

Gunnar Thorsteeg wusste das ebenfalls. Er nahm Ulrike Imhofs Hand und drückte sie. „Wir kommen wieder, zu Fuß, mit Lampen." Ulrike Imhof nickte nur schwach.

Mit einem schmatzenden Geräusch gab das Moor Wendy frei. Der Schweif glitt ihr durch die Finger in dem Moment, als ihr Körper festen Boden berührte.

Sie hatte es geschafft.

Einen Augenblick lang blieb Wendy regungslos auf dem kalten schlammigen Boden liegen und genoss es, Dixies warmen Atem auf ihrem Gesicht zu spüren. Dixie schnaubte sanft und zupfte mit seinen Lippen an Wendys Haaren. Stupste sie an.

Wendy rappelte sich auf. Schwankend stand sie

aufrecht. Sie hielt sich an Dixies Mähne fest und flüsterte ihm ins Ohr: „Einmal noch, okay?"

Dixie schaute sie aus den Augenwinkeln an und kratzte wie zur Bestätigung mit dem Vorderhuf.

Minuten später lag auch Vanessa erschöpft auf dem sicheren Boden. Wendy ließ sich auf alle viere nieder und kroch zu ihr, schüttelte sie. „Hey, Nessa, wir haben es geschafft."

Vanessa rappelte sich auf. So hatte Wendy sie früher immer genannt. Damals, vor den Turnieren.

„Ja, Dixie hat es geschafft." Vanessa schluckte. „Er ist ein tolles Pferd. Er hat es geschafft, bloß leider zu spät."

„Wieso zu spät?"

„Schau dich um, Wendy." Vanessas Stimme war ungewöhnlich ruhig. „Es ist dunkel. Niemand findet im Dunkeln durch das Moor."

„Niemand kann im Dunkeln durchs Moor."

Der Polizeibeamte, Biancas Vater, schaute Gunnar Thorsteeg zerknirscht an. Es tat ihm aufrichtig leid. Die Hundestaffel war angefordert. Aber in der Nacht konnte auch die nicht ins Moor.

199

Inzwischen war es tatsächlich stockdunkel. Nur das schwache Licht der Stalllaterne erhellte den Hof von Rosenborg und die kleine Gruppe der Suchenden, die sich hier wieder zusammengefunden hatte.

Bianca rüttelte ihren Vater beschwörend am Arm. „Aber Papa, Wendy ist noch da draußen. Und Vanessa. Die holen sich doch den Tod. Die sind vielleicht verletzt, bewusstlos oder stecken im Moor fest oder ...“ Bianca brach ab. Schlimmeres wollte sie lieber nicht aussprechen.

Biancas Vater wandte sich wieder an Gunnar Thorsteeg: „Morgen früh sind wir sofort vor Ort. Beim ersten Tageslicht. Sie haben mein Wort.“

Gunnar Thorsteeg nickte und schüttelte dem Polizisten die Hand. Sein „Danke“ klang niedergeschlagen.

Vorsorglich nahm Biancas Vater seine protestierende Tochter und Mücke mit. In polizeilichen Gewahrsam sozusagen. Zwei vermisste Kinder waren genug für eine Nacht.

Der Rest des Suchtrupps stand auf dem Hof, schaute dem Polizeiwagen nach, müde, erschöpft und nicht bereit, aufzugeben. Wendys Vater nahm seine Frau in den Arm und versprach: „Ich geh noch mal zu Fuß rein.“

Im Moor war es stockfinster. Nebel waberte über den trügerischen Boden. Immer wieder verschwand der Mond hinter Wolken. Glühwürmchen tanzten.

Dixie wusste, er durfte sich jetzt keinen einzigen Fehltritt erlauben. Nicht mit zwei Reiterinnen auf dem Rücken. Er ging langsam, stetig. Ertastete sich seinen Weg. Ein Huf in der Luft, drei auf festem Grund. Er wusste, wohin er gehen musste. Er hatte den Weg schon einmal gefunden. Zurück zu den anderen Pferden, an den Ort, wo sie alle hingehörten. An den Ort, wo es sicher war. Er würde ihn wieder finden.

Gerettet

Auf Rosenborg verteilte Oma Herta im Licht der Stalllaterne alles, was ihr irgendwie nützlich erschien für
eine nächtliche Rettungsaktion im Moor: Taschenlampen, Stricke, zwei dreißig Jahre alte Skistöcke, Leucht-
raketen vom letzten Silvester.

Wendys Mutter zog sich viel zu große Gummistiefel
über. Diesmal ging es zu Fuß ins Moor, da ließ sie es sich
nicht nehmen, dabei zu sein. Tom würde die Stellung halten.

Der hatte ausnahmsweise gar nichts zu meckern. Er
sah blass aus. „Ey, passt bloß auf. Wehe, ich werde Voll-
waise.‘‘

Sein Vater klopfte ihm beruhigend auf die Schultern.
„Wird schon schiefgehen.‘‘

Allen stand die Sorge ins Gesicht geschrieben. Auch Ulrike Imhof.

Oma Herta blickte grimmig entschlossen in die Runde: „Alles bereit zum Abmarsch?"

Alle umarmten sich. Sogar Wendys Mutter und Ulrike Imhof. Dann setzte sich der Trupp in Bewegung.

Aber nur drei Meter weit. Dann blieb Wendys Vater abrupt stehen und fasste seine Frau am Arm. „Hört ihr das?"

Alle lauschten angestrengt. Da war etwas in der Auffahrt. Ganz leise war das Geräusch von Pferdehufen auf Kies zu hören. Und dann löste sich ein Schatten aus dem Nebel und der Dunkelheit, wurde deutlicher und kam auf die Gruppe zu.

Dixie.

Seelenruhig trottete er an allen vorbei und hielt direkt unter der Stalllaterne an.

Wendy ließ sich durchgefroren und zitternd von seinem Rücken gleiten. Vanessa plumpste förmlich auf den Boden.

Das löste den Bann.

Alle kamen angerannt, halfen den beiden auf, tasteten sie ab, umarmten sie, fragten zehnmal das Gleiche, ob auch keine verletzt sei und ob alles in Ordnung wäre. Und wo sie denn nur gesteckt hätten!

Nur Wendys Vater stand ganz still vor Dixie und schaute ihn an. Dixie schaute zurück. Das konnte er länger als jeder andere. Ohne zu blinzeln. Zur Bekräftigung bleckte er kurz die Zähne. Er schien zu wissen, was der Mensch vor ihm von ihm hielt.

Schließlich ließ er sich von Oma Herta in den Stall führen. Auch wenn Wendy zähneklappernd verkündete, das wolle sie selbst tun. Aber dafür war sie viel zu wackelig auf den Beinen. Dixie schnaubte Wendy aufmunternd ins Gesicht. Er ließ Oma Herta gewähren, das Versprechen auf Heu und Hafer überzeugte ihn.

Während Dixie wenig später zufrieden sein Heu mampfte, saßen Wendy und Vanessa in Decken eingepackt in der Küche bei einer warmen Suppe. Wendy konnte den Löffel kaum halten, so erschöpft war sie. Zum Essen kam sie ohnehin nicht. Sie musste erzählen.

Insbesondere ihr Vater konnte kaum glauben, was er da hörte: „Aus dem Moorloch gezogen? Am Schweif? Ohne auszuschlagen?"

Vanessa gab sich alle Mühe, Wendys Bericht zu

bestätigen. Am Ende rutschte ihr ein ziemlich flehentliches „Kann ich nicht auch so ein Pferd haben?" heraus.

Ihre Mutter schnaubte ungläubig. „Und er hat den Weg nach Hause ganz allein gefunden? Im Dunkeln? Kaum vorstellbar."

Wendy funkelte Vanessas Mutter böse an. „Hat er aber, außer uns war da nämlich niemand."

Tom fand das ebenfalls sehr faszinierend. „Vielleicht hat er so was wie ein eingebautes GPS."

Wendy seufzte, ja, so war's wohl.

Vanessa wandte sich an Wendys Vater und vermied es, ihre Mutter dabei anzusehen: „Herr Thorsteeg, ich zahl die 400 Euro für Dixie. Wendy muss Dixie behalten!"

Oma Herta klatschte begeistert in die Hände: „Prima, damit hätten wir dann gut das Doppelte zusammen." Sie fügte erklärend hinzu, dass Wendys Freunde alle zusammengelegt hatten für Dixie.

Nur Wendys Vater sah bedrückt aus. Er räusperte sich und setzte sich umständlich auf seinem Küchenstuhl zurecht. „Also, behalt mal dein Geld, Vanessa. Wendy, es tut mir leid ..."

Wendy ließ den Löffel hart auf den Rand ihres Tellers fallen. So hart, dass eine Ecke absprang. Nicht schon wieder. Das durfte doch nicht wahr sein, er konnte doch nicht immer noch der Meinung sein, dass Dixie nichts taugte.

Ihr Vater räusperte sich noch mal. „Also, du weißt, ich habe meine Prinzipien, und ich habe fast dreißig Jahre Erfahrung als Reitlehrer ..."

Wendy spürte, wie sie unwillkürlich die Backenzähne zusammenbiss. Sie nahm den Löffel wieder und packte ihn fester.

Ihr Vater fuhr fort: „Ich muss sagen, in diesen dreißig Jahren ist mir so ein Pferd wie Dixie noch nie begegnet ..."

Er holte tief Luft, und endlich kam es heraus: „Wendy, ich habe einen furchtbaren Fehler gemacht. Ich habe gedacht, Dixie taugt nichts. Tatsache ist wohl: Ich habe noch nie so danebengelegen."

So ganz ließ die Spannung in Wendys Kiefer noch nicht nach. „Und was heißt das, was geschieht nun mit Dixie?", fragte sie.

Der Blick ihres Vaters wurde verdächtig weich. „Na ja, was soll schon mit ihm geschehen? Dieses kleine verrückte Pferd hat dir das Leben gerettet. Es bleibt natürlich hier!"

Dafür gab es eine stürmische Umarmung von seiner Frau. Wendy sprang auf, warf die Decke von der Schulter. Diese gute Nachricht musste sie unbedingt Dixie mitteilen.

Ihr Vater hielt sie fest, schaute seine Frau an, dann Tom und Oma Herta. „Und wir auch."

Wendy wechselte einen vorsichtigen Blick mit Tom, der machte verstohlen ein Zeichen: möglicherweise Dachschaden? Und er flüsterte: „War wohl alles etwas viel für ihn."

Ganz langsam sickerte die Erkenntnis in Wendys Gehirn. „Du meinst, wir bleiben auf Rosenborg? Der Hof wird nicht verkauft? Wir helfen Oma, alles wieder aufzubauen? Dixie kann bleiben? Wir bleiben alle hier? Für immer?"

Ja, das war eine gelungene Zusammenfassung. Wendys Vater hatte keine Einwände. Und der Rest der Familie auch nicht. Alle sprangen auf und fielen sich in die Arme.

Bei all der freudigen Erleichterung vergaßen sie völlig, dass sie nicht allein in Oma Hertas Küche waren.

„Entschuldigung, aber wir haben eine geschäftliche Abmachung", ertönte es sehr kühl vom Tisch. Ulrike

Imhof und Vanessa waren auch noch da. Und zumindest Ulrike Imhof schien über die jüngste Wendung der Ereignisse alles andere als begeistert zu sein. „Gunnar, wir haben einen Vertrag!" Ulrike Imhof betonte jede Silbe.

Wendys Vater wandte ein, dass der Vertrag noch nicht unterzeichnet sei.

Doch das schien Ulrike Imhof nicht zu beeindrucken. „Das ist nicht dein Ernst, Gunnar!"

Wendys Vater schaute seine Tochter an, in seinen Augenwinkeln zeigte sich zum ersten Mal seit Langem wieder dieses Lächeln, ein stummes Einverständnis zwischen Vater und Tochter.

„Mir war noch nie etwas so ernst", sagte er.

Ulrike Imhofs Stuhl krachte zu Boden, als sie aufstand. „Vanessa, wir gehen!"

Vanessa stand ganz verschreckt auf und folgte ihrer Mutter, die schon halb zur Tür hinaus war. Sie warf Wendy einen entschuldigenden Blick zu. „Ich schick morgen einen Sack Möhren für Dixie, darf ich?"

Wendy nickte nur, ihr tat Vanessa leid. „Ist gut."

Vanessa lächelte etwas zaghaft. Die ganz große Freundschaft war es noch nicht, aber Feinde waren sie auch nicht mehr.

Ulrike Imhof hingegen musste einfach das letzte Wort haben: „Du machst einen Fehler, Gunnar. Das wirst du noch bitter bereuen. Hier ist kein Platz für zwei Reiterhöfe."

Krachend zog sie die Tür hinter sich zu und war weg mitsamt Vanessa.

„Na, das war ja mal ein Abgang", bemerkte Oma Herta.

Wendys Vater nahm es sportlich: „Na wunderbar, jetzt haben wir einen alten Hof, Schulden und St. Georg als Konkurrent."

„Egal, dafür haben wir Dixie!", versicherte Wendy.

Und als hätte sie nur auf ihren Auftritt gewartet, flog in diesem Moment die Tür auf, und Dixie kam mit Schwung in die gute Stube.

Oma Herta grinste: „Da war wohl der Hafer alle."

Wendy schmiegte ihr Gesicht glücklich an Dixies. „Zusammen schaffen wir das." Daran bestand kein Zweifel für sie.

Wenige Tage später saß Wendy auf ihrem Lieblingsplatz, in der Hoflinde, baumelte mit den Beinen und schaute glücklich über ihr neues Zuhause. Aus der Scheune erklang wildes Schlagzeuggetrommel. Tom hatte seinen neuen Übungsraum bezogen. Vor dem Wohnhaus werkelte ihre Mutter an einer alten Bauernkommode herum. Streng nach Anleitung aus einem Hochglanz-Landmagazin restaurierte sie das gute Stück. Dazu hatte sie das Werkzeug fein säuberlich aufgereiht und ging nun wie eine Chirurgin zu Werk. Oma Herta spielte die OP-Schwester und reichte ihrer Schwiegertochter das Skalpell ...

Nein, es war wohl eher ein Hobel, wie Wendy grinsend feststellte.

Ihr Vater hatte das alte Torschild mit der Aufschrift „Gestüt und Reiterhof Rosenborg" aufpoliert und winkte alle herbei, um es gemeinsam wieder ans Tor in der Einfahrt zu nageln.

Wendy ließ ihren Blick schweifen. Hinter der Scheune graste Dixie friedlich bei den anderen Pferden.

Wendy zog die Nase kraus und blinzelte in die Sonne. „Hallo, Angst, noch da? Mal gut zuhören!"

Sie schaute hinunter auf ihre Füße, die nackt über dem Abgrund baumelten.

„Ich beabsichtige zu springen. Das sind gut fünf Meter, das genügt für einen satten Splitterbruch!"

Wendy rutschte nach vorn. Bereit zum Absprung.

Es kam keine Antwort.

„Na schön, dann mach ich allein weiter."

Wendy rutschte dann doch lieber am Seil hinunter.

„Reingelegt!"

Gekonnt landete sie auf dem Boden und hüpfte vergnügt zur Weide.

Ein Pfiff, und Dixie kam angetrottet.

Ein Satz, und Wendy saß auf seinem Rücken.

Sie wusste: Falls die Angst doch mal wiederkommen sollte, war da jemand, auf den sie sich verlassen konnte. Sie und Dixie würden sich niemals trennen.

Und dann flogen die beiden über die Wiese. Und über das Gatter. Vorbei an goldgelben Rapsfeldern. Schneller als der Sommerwind. Hinein ins endlose Blau. Wie beim allerersten Mal.

Bille & Zottel

Bille liebt Pferde über alles. Da macht es ihr noch nicht mal etwas aus, um fünf Uhr morgens aufzustehen, um im Stall zu helfen. Als sie das ehemalige Zirkuspony Zottel zur Pflege bekommt, ist Bille das glücklichste Mädchen der Welt. Zottel erobert Billes Herz im Sturm, und bald sind die beiden unzertrennlich. Billes sehnlichster Wunsch ist es, dass Zottel ihr gehört. Ob ihre Mutter und ihr Stiefvater damit einverstanden sein werden?

Sammelband 1:
Ein Zirkuspony
zum Liebhaben
ISBN 978-3-505-13807-2

Enthält die Einzelbände 1-3:
· Pferdeliebe auf den ersten Blick
· Zwei unzertrennliche Freunde
· Mit einem Pferd durch dick und dünn

Bald ist Sommer! Bille und ihr Pony Zottel freuen sich schon auf die Ferien. Aber vorher steht noch einiges an: Ein verwaistes Pony braucht ihre Hilfe, und ein kranker Reitlehrer muss unbedingt aufgemuntert werden. Mit den Sommerferien geht das Abenteuer dann richtig los: Bille und ihre Freude unternehmen mit ihren Pferden einen Wanderritt – aber sie müssen sich auch gegen eine Motorradbande behaupten, die die Koppel zur Rennstrecke auserkoren hat …

Sammelband 2:
Der schönste Sommer
für Bille und Zottel
ISBN 978-3-505-13808-9

Enthält die Einzelbände 4-6:
· Applaus für Bille und Zottel
· Die schönsten Ferien hoch zu Ross
· Gefahr auf der Pferdkoppel

www.schneiderbuch.de

Film ab für Zottel! Bei Dreharbeiten auf Gut Groß-Willmsdorf ist Billes Pony die Attraktion. Als ehemaliges Zirkuspony weiß Zottel, wie er sein Publikum unterhalten kann. Immer wieder gerät Bille mit ihrem Zottel in komische Situationen und erlebt mit ihm spannende Abenteuer. Als Bille den schönen Wallach Black Arrow zum Geburtstag geschenkt bekommt, freut sich auch Zottel. Black Arrow ist sein bester Kumpel, und nun kann er immer mit ihm zusammen sein. Dass Bille sich in Simon verliebt, macht ihr Glück schließlich vollkommen.

Sammelband 3:
Aufregende Ferien für
Bille und Zottel
ISBN 978-3-505-13809-6

Enthält die Einzelbände 7-9:
. Ein Cowboy für Bille und Zottel
. Ein Filmstar mit vier Beinen
. Im Sattel durch den Sommer

Gut Groß-Willmsdorf wird zu einem Reiter-Internat! Bille und ihre Freunde freuen sich schon auf die vielen Pferdefreunde! Doch kaum sind die neuen Schüler da, versetzt ein Brand im Stall alle in helle Aufregung. Bald darauf hat Billes Pony Zottel wieder einen großen Auftritt: Als Clown in der Manege begeistert Zottel ganz spontan und ungeplant die Zirkusbesucher. Und bei einer öffentlichen Versammlung sorgt das freche, verfressene Pony für jede Menge Chaos, als es sich in einem unbemerkten Moment auf das Buffet stürzt …

Sammelband 4:
Reiterabenteuer mit Bille und Zottel
ISBN 978-3-505-13810-2

Enthält die Einzelbände 10-12:
. Im Hauptfach Reiten
. Sensation in der Manege
. Frühling, Freunde, freche Fohlen

Tina Caspari
Bille und Zottel
je ca. 380 Seiten
Band 1+2: € 9,99 [D]
Band 3+4: € 10,00 [D]

S Schneiderbuch

EGMONT

Andrea Pabel

Reiten mit dem Wind
Ein Wildpferd für Johanna

Das Gefühl von Freiheit

Bevor Johannas Familie nach New Mexico gezogen ist, hat ihr Vater ihr ein eigenes Pferd versprochen. Er hat sogar schon einen bestimmten Hengst für sie im Auge. Doch während einer Wanderung in den Bergen stößt Johanna auf eine Herde Wildpferde. Eines der Wildpferde löst sich aus der Herde und stürmt direkt auf sie zu. Eine stolze Stute mit edlem Kopf und feurigen Augen. Johanna spürt sofort, dass sie und dieses Pferd zusammengehören! Das ist der Beginn einer außergewöhnlichen Freundschaft und eine berührende Geschichte über Mut, Vertrauen und bedingungslose Liebe.

Ein Buch über Freiheit, Freundschaft und innige Pferdeliebe!

192 Seiten, broschiert mit Klappe
€ 9,99 [D]
ISBN 978-3-505-13643-6

www.schneiderbuch.de

Schneiderbuch
EGMONT

Linda Crammond

Sundancer
Mit dir bis ans Ende der Welt

Kämpfe für deinen Traum!

Sundancer ist weg, Kiris über alles geliebtes Pferd! Seit Kiri ihm das Leben gerettet hat, sind die beiden unzertrennlich. Es ist zu Kiris wichtigstem Freund geworden, dem sie alles erzählt, was sie bewegt. Denn ihr Vater, mit dem sie allein auf einer Farm am Meer lebt, ist selten zu Hause. Und wenn, dann ist seine neue Freundin Stephanie dabei. Die mag Kiri nicht besonders. Nun hat ihr Vater auch noch Sundancer verkauft, weil er Geld braucht – ohne ihr etwas davon zu sagen. Kiri weiß noch nicht einmal, wo Sundancer hingebracht wurde. Aber sie muss ihr Pferd unbedingt finden und zurückholen – um jeden Preis …

Eine herzergreifende Geschichte über die innige Freundschaft zwischen einem Mädchen und einem Pferd!

208 Seiten, broschiert mit Klappe
€ 12,99 [D]
ISBN 978-3-505-13892-8

www.schneiderbuch.de

Schneiderbuch

EGMONT

Absolut WILD • Agatha, ein Pony mit Spürnase • Anne, das Mädchen vom Möwenfjord • Bibi & Tina • Bibi Blocksberg • Bille und Zottel • Chili und die Stadtpiraten • Die Eiskönigin • Die Jungen von Burg Schreckenstein • Die Monster-Uni • Die Pony-Prinzessin • Die Ritter von Rasselstein • Die sagenhaften Göttergirls • Die vier Sommersprossen • Die Welt der 1000 Abenteuer • Die Wolf-Gang • Die zauberhafte Tierhandlung • Dolly • DORK Diaries • Drachenherz • Ein Fall für dich und das Tiger-Team • Ein Fall für Kitti Krimi • Elfentänzer • Ellie & Möhre • Erwin • Feenschule Zauberinsel • Fiona • Fuzzi, Coco und Co • Geheimer Start mit „Monitor" • Gespenst ahoi! • Grusel-Club - Dem Spuk auf der Spur • Hanni und Nanni • Inspektor Barney • Kommissar Kugelblitz • Land der Bestien • Lenas Ranch • Lily Gardens, Reitinternat der Träume • Liz Kiss • Mara und der Feuerbringer • Mein dicker fetter Zombie-Goldfisch • Mia and me • Minecraft • No Jungs! Kicherhexen-Club • No Jungs! Zutritt nur für Hexen • Oskar • Planes • Polly • Prinzessin Emmy und ihre Pferde • Sieben Pfoten für Penny • Tina und Tini • Tom Gates • Trixie Belden • Vampirinternat Schloss Schauerfels • Wilde Wahnsinnsengel • Zac Power • Zeitspringer • Zwergenkinder • Absolut WILD • Agatha, ein Pony mit Spürnase • Anne, das Mädchen vom Möwenfjord • Bibi & Tina • Bibi Blocksberg • Bille und Zottel • Chili und die Stadtpiraten • Die Eiskönigin • Die Jungen von Burg Schreckenstein • Die Monster-Uni • Die Pony-Prinzessin • Die Ritter von Rasselstein • Die sagenhaften Göttergirls • Die vier Sommersprossen • Die Welt der 1000 Abenteuer • Die Wolf-Gang • Die zauberhafte Tierhandlung • Dolly • DORK Diaries • Drachenherz • Ein Fall für dich und das Tiger-Team • Ein Fall für Kitti Krimi • Elfentänzer • Ellie & Möhre • Erwin • Feenschule Zauberinsel • Fiona • Fuzzi, Coco und Co • Geheimer Start mit „Monitor" • Gespenst ahoi! • Grusel-Club - Dem Spuk auf der Spur • Hanni und Nanni • Inspektor Barney • Kommissar Kugelblitz • Land der Bestien • Lenas Ranch • Lily Gardens, Reitinternat der Träume • Liz Kiss • Mara und der Feuerbringer • Mein dicker fetter Zombie-Goldfisch • Mia and me • Minecraft • No Jungs! Kicherhexen-Club • No Jungs! Zutritt nur für Hexen • Oskar • Planes • Polly • Prinzessin Emmy und ihre Pferde • Sieben Pfoten für Penny • Tina und Tini • Tom Gates • Trixie Belden • Vampirinternat Schloss Schauerfels • Wilde Wahnsinnsengel • Zac Power • Zeitspringer • Zwergenkinder • Absolut WILD • Agatha, ein Pony mit Spürnase • Anne, das Mädchen vom Möwenfjord • Bibi & Tina • Bibi Blocksberg • Bille und Zottel • Chili und die Stadtpiraten • Die Eiskönigin • Die Jungen von Burg Schreckenstein • Die Monster-Uni • Die Pony-Prinzessin • Die Ritter von Rasselstein • Die sagenhaften Göttergirls • Die vier Sommersprossen • Die Welt der 1000 Abenteuer • Die Wolf-Gang • Die zauberhafte Tierhandlung • Dolly • DORK Diaries • Drachenherz • Ein Fall für dich und das Tiger-Team • Ein Fall für Kitti Krimi • Elfentänzer • Ellie & Möhre • Erwin • Feenschule Zauberinsel • Fiona • Fuzzi, Coco und Co • Geheimer Start mit „Monitor" • Gespenst ahoi! • Grusel-Club - Dem Spuk auf der Spur • Hanni und Nanni • Inspektor Barney • Kommissar Kugelblitz • Land der Bestien • Lenas Ranch • Lily Gardens, Reitinternat der Träume • Liz Kiss • Mara und der Feuerbringer • Mein dicker fetter Zombie-Goldfisch • Mia and me • Minecraft • No Jungs! Kicherhexen-Club • No Jungs! Zutritt nur für Hexen • Oskar • Planes • Polly • Prinzessin Emmy und ihre Pferde • Sieben Pfoten für Penny • Tina und Tini

www.schneiderbuch.de

• Tom Gates • Trixie Belden • Vampirinternat Schloss Schauerfels • Wilde Wahnsinnsengel • Zac Power • Zeitspringer • Zwergenkinder • Absolut WILD • Agatha, ein Pony mit Spürnase • Anne, das Mädchen vom Möwenfjord • Bibi & Tina • Bibi Blocksberg • Bille und Zottel • Chili und die Stadtpiraten • Die Eiskönigin • Die Jungen von Burg Schreckenstein • Die Monster-Uni • Die Pony-Prinzessin • Die Ritter von Rasselstein • Die sagenhaften Göttergirls • Die vier Sommersprossen • Die Welt der 1000 Abenteuer • Die Wolf-Gang • Die zauberhafte Tierhandlung • Dolly • DORK Diaries • Drachenherz • Ein Fall für dich und das Tiger-Team • Ein Fall für Kitti Krimi • Elfentänzer • Ellie & Möhre • Erwin • Feenschule Zauberinsel • Fiona • Fuzzi, Coco und Co • Geheimer Start mit „Monitor" • Gespenst ahoi! • Grusel-Club - Dem Spuk auf der Spur • Hanni und Nanni • Inspektor Barney • Kommissar Kugelblitz • Land der Bestien • Lenas Ranch • Lily Gardens, Reitinternat der Träume • Liz Kiss • Mara und der Feuerbringer • Mein dicker fetter Zombie-Goldfisch • Mia and me • Minecraft • No Jungs! Kicherhexen-Club • No Jungs! Zutritt nur für Hexen • Oskar • Planes • Polly • Prinzessin Emmy und ihre Pferde • Sieben Pfoten für Penny • Tina und Tini • Tom Gates • Trixie Belden • Vampirinternat Schloss Schauerfels • Wilde Wahnsinnsengel • Zac Power • Zeitspringer • Zwergenkinder • Absolut WILD • Agatha, ein Pony mit Spürnase • Anne, das Mädchen vom Möwenfjord • Bibi & Tina • Bibi Blocksberg • Bille und Zottel • Chili und die Stadtpiraten • Die Eiskönigin • Die Jungen von Burg Schreckenstein • Die Monster-Uni • Die Pony-Prinzessin • Die Ritter von Rasselstein • Die sagenhaften Göttergirls • Die vier Sommersprossen • Die Welt der 1000 Abenteuer • Die Wolf-Gang • Die zauberhafte Tierhandlung • Dolly • DORK Diaries • Drachenherz • Ein Fall für dich und das Tiger-Team • Ein Fall für Kitti Krimi • Elfentänzer • Ellie & Möhre • Erwin • Feenschule Zauberinsel • Fiona • Fuzzi, Coco und Co • Geheimer Start mit „Monitor" • Gespenst ahoi! • Grusel-Club - Dem Spuk auf der Spur • Hanni und Nanni • Inspektor Barney • Kommissar Kugelblitz • Land der Bestien • Lenas Ranch • Lily Gardens, Reitinternat der Träume • Liz Kiss • Mara und der Feuerbringer • Mein dicker fetter Zombie-Goldfisch • Mia and me • Minecraft • No Jungs! Kicherhexen-Club • No Jungs! Zutritt nur für Hexen • Oskar • Planes • Polly • Prinzessin Emmy und ihre Pferde • Sieben Pfoten für Penny • Tina und Tini • Tom Gates • Trixie Belden • Vampirinternat Schloss Schauerfels • Wilde Wahnsinnsengel • Zac Power • Zeitspringer • Zwergenkinder • Absolut WILD • Agatha, ein Pony mit Spürnase • Anne, das Mädchen vom Möwenfjord • Bibi & Tina • Bibi Blocksberg • Bille und Zottel • Chili und die Stadtpiraten • Die Eiskönigin • Die Jungen von Burg Schreckenstein • Die Monster-Uni • Die Pony-Prinzessin • Die Ritter von Rasselstein • Die sagenhaften Göttergirls • Die vier Sommersprossen • Die Welt der 1000 Abenteuer • Die Wolf-Gang • Die zauberhafte Tierhandlung • Dolly • DORK Diaries • Drachenherz • Ein Fall für dich und das Tiger-Team • Ein Fall für Kitti Krimi • Elfentänzer • Ellie & Möhre • Erwin • Feenschule Zauberinsel • Fiona • Fuzzi, Coco und Co • Geheimer Start mit „Monitor" • Gespenst ahoi! • Grusel-Club - Dem Spuk auf der Spur • Hanni und Nanni • Inspektor Barney • Kommissar Kugelblitz • Land der Bestien • Lenas Ranch • Lily Gardens,

Friends & Horses

Pferde, Freundschaft und die erste Liebe

Rosa, Daisy und Iris verbindet ihre große Liebe zu Pferden und der Spaß am Reiten. In jeder freien Minute sind die drei mit ihren Pferden unterwegs. So könnte es ewig weitergehen, findet Rosa. Wird es aber nicht. Denn Iris muss mit ihren Eltern wegziehen. Als wäre das Leben deshalb nicht schon kompliziert genug, merkt Rosa, dass sich ihre Sandkastenfreundschaft zu Daniel langsam, aber sicher zu verändern beginnt. Was empfindet sie wirklich für ihn? Dann taucht auch noch die Mexikanerin Ollie mit ihrer zauberhaften Stute Chispa im Reitstall auf. Sie ist der Traum jedes Jungen, und auch Daniel scheint ihr gegenüber keineswegs gleichgültig zu sein …

Chantal Schreiber
Friends & Horses
Band 1: Schritt, Trab, Kuss
224 Seiten, broschiert mit Klappe
€ 10,00 [D]
ISBN 978-3-505-13942-0

Kinder lieben Schneiderbücher!

www.schneiderbuch.de

EGMONT

Schneiderbuch will's wissen!

Gefallen dir unsere Bücher?
Schreib uns deine Meinung
und gewinne!

www.schneiderbuch.de/deinemeinung

An:
Schneiderbuch
Köln

Deutschland

Schneiderbuch
EGMONT

Kinder lieben Schneiderbücher!

www.schneiderbuch.de